Harnisch

**Träume verstehen
und selbst gestalten**

Der Autor

Dr. Günter Harnisch studierte Rechtswissenschaft, Psychologie und Pädagogik. Er ist Leiter der Gesellschaft für Traumforschung und Traumtherapie und hat langjährige Erfahrung mit therapeutischer Traumarbeit.

Als Sachbuchautor schreibt er in mehreren seiner erfolgreichen Bücher über Träume und über gesunde Lebensführung.

Günter Harnisch

Träume verstehen und selbst gestalten

- Wie Sie Ihre Träume nutzen, um Probleme zu lösen
- So befreien Sie sich von Alpträumen
- Mit Wachträumen die eigene Kreativität steigern

| Leserservice: |

Wenn Sie Fragen oder Anregungen
zu diesem Buch haben, schreiben
Sie uns:
TRIAS Verlag
Postfach 30 11 07
D-70451 Stuttgart

Lektorat:
Stefan Vieregg M.A.

Außenlektorat:
Dr. Dietmar Hoos, Maria Brand

Umschlaggestaltung:
Cyclus · D+P Loenicker, Stuttgart

Bildnachweis:
Umschlag (vorne und hinten):
Mauritius

Fotos im Innenteil: MEV

Die Deutsche Bibliothek –
CIP-Einheitsaufnahme
Harnisch, Günter:
Träume verstehen und selbst gestalten :
wie Sie Ihre Träume nutzen, um Probleme
zu lösen ; so befreien Sie sich von Alpträumen ; mit Wachträumen die eigene Kreativität steigern / Günter Harnisch. – Stuttgart : TRIAS, 1999

Gedruckt auf chlorfrei gebleichtem
Papier

© 1999 Georg Thieme Verlag
Rüdigerstraße 14,
D-70469 Stuttgart
Printed in Germany
Satz: Fotosatz H. Buck, Kumhausen
Druck: Gulde-Druck, Tübingen

ISBN 3-89373-500-3   1 2 3 4 5 6

Über dieses Buch

Warum das Interesse an der Auseinandersetzung mit den eigenen Träumen bei uns so stark zunimmt

Traumarbeit ist Krisenmanagement Nach Schätzungen von Experten benötigte heute eigentlich jeder Zweite irgendwann im Laufe seines Lebens eine psychotherapeutische Behandlung aufgrund persönlicher Krisen. Daß er sie nicht erhält, ist ein anderes Thema. Traumarbeit als Instrument des psychischen Krisenmanagements oder als Möglichkeit einer Art Selbsttherapie in schwierigen persönlichen Situationen bekommt unter diesen Umständen einen hohen Stellenwert.

Ungefähr jeder vierte Erwachsene leidet heute unter Alpträumen. Rund 25 bis 30 Prozent der Erwachsenen interessieren sich für ihre Träume – Tendenz stark ansteigend. Allgemein läßt sich unter älteren, aber auch unter ganz jungen Menschen ein verstärktes Suchen nach Möglichkeiten zu mehr persönlichem Wachstum und zu stärkerer Bewußtheit in der Lebensführung beobachten. Neben anderen Ursachen spielt dabei sicherlich das als zunehmend stressiger empfundene berufliche und persönliche Umfeld eine Rolle, in dem wir in dieser modernen westlichen Industriegesellschaft leben.

Bei unserer Gesellschaft für Traumforschung und -therapie nimmt die Anzahl der Anfragen aus den Bereichen Hochschule und Forschung zum Thema Träume in den letzten Jahren stark zu. Ebenso läßt sich ein wachsendes Interesse der Medien an diesem Thema beobachten. Mancherlei Anzeichen deuten darauf hin, daß die Menschen sich wieder stärker dem zuwenden, was in ihnen selbst geschieht. Die Angebote der Amüsiergesellschaft reichen offenbar nicht aus, dieses Bedürfnis zu erfüllen.

Die Faszination der Träume

Seit rund drei Jahrzehnten fasziniert mich die Welt der Träume wie kaum etwas anderes. Das alles begann mit einem kleinen Buch über Träume, Irrtümer und Fehlhandlungen. Sein Verfasser war kein anderer als der Altmeister der Traumforschung: Sigmund Freud. Seither hat mich das Thema »Träume« nicht mehr losgelassen. Ich hoffe, Ihnen in diesem Buch ein Stück von dieser Faszination weitergeben zu können.

In unseren Träumen ist alles möglich Was ist eigentlich an diesen Bildern aus dem Unbewußten so Besonderes, das einen nicht mehr loslassen will, wenn man sich erst einmal ernsthaft auf sie eingelassen hat? – Die Antwort auf diese Frage ist nicht ganz einfach. Sicher ist, die Welt der Träume fasziniert uns deshalb so ungeheuer, weil sie so ist, wie unser Leben sein könnte, wenn es darin nicht all diese Begrenzungen gäbe, die wir uns selbst auferlegen. In unseren Träumen ist alles möglich. In unseren Träumen gehen wir bedingungslos durch alle Himmel und Höllen. In dieser nächtlichen Bilderwelt leben wir, wie wir bei Tage leben möchten. In unseren Träumen sind wir so, wie wir vielleicht gemeint sind. In ihnen nehmen wir alle unsere Ängste und Wünsche wahr, die wir am Tage beiseite schieben, als ob sie uns nichts angingen. Nachts melden sie sich in aller Deutlichkeit. Manchmal erschrecken sie uns. Aber dieses Erschrecken ist hilfreich und heilend, wenn wir in den Spiegel schauen, den uns die Träume vorhalten. Was wir darin sehen, ist nicht das Sonntagsgesicht, das sich viele Menschen von sich selbst zurechtgelegt haben und das sie oft ein Leben lang pflegen. In dem Spiegel, den uns unsere Träume zeigen, sehen wir ein Schattengesicht, oft unbequem, fast immer störend. Lassen wir uns von dem Schattengesicht aus unserer Scheinharmonie aufstören, so finden wir uns selbst. Denn wir bestehen nun einmal nicht ausschließlich aus Sonnenseiten, sondern da gibt es immer auch Finsteres in uns, das herausgelassen und zur Kenntnis genommen werden will. Schauen wir unsere dunklen Seiten an, so lösen sich damit zwar nicht alle unsere Lebensprobleme in Wohlgefallen auf, aber wir bekommen einen Schlüssel in die Hand, mit dem wir sie lösen können. Das ist wenig und doch viel.

Die Ziele dieses Buchs

Im einzelnen geht es in diesem Buch um Hilfen bei persönlichen Lebensproblemen. Traumarbeit, wie sie hier beschrieben wird, ist eine Art Selbsttherapie oder psychisches Krisenmanagement. Der aktive Umgang mit Ihren Träumen kann Ihnen dabei helfen, sich selbst besser zu akzeptieren. Durch Traumarbeit können Sie mehr innere Ruhe, Streßfreiheit und Gelassenheit finden. Der Umgang mit Ihren inneren Bildern führt aber auch zu einer Entfaltung der eigenen Kreativität, die in jedem von uns angelegt ist und die sich in unserer Kindheit entfalten wollte, dann aber meist durch negative Einflüsse aus unserer Umgebung, durch Eltern wie durch die Schule, unterdrückt worden ist. Wo es gelingt, diese Blockaden durch Traumarbeit aufzulösen, ist ein »kreativer Sprung« möglich. Wir gewinnen Zugang zu all jenen Kräften in uns, mit denen wir unser Leben erfüllter gestalten können. Mehr Ideen, das bedeutet mehr beruflichen Erfolg. Es bedeutet aber auch, daß wir unsere persönlichen Beziehungen, zum Partner wie zu Freunden, lebendiger gestalten. Bei vielen Menschen entwickeln sich durch den aktiven Umgang mit ihren Träumen plötzlich vollkommen neue Begabungen und künstlerische Ausdrucksmöglichkeiten. Dieses Buch möchte Ihnen helfen, diese Ziele zu erreichen.

Den Weg der Traumarbeit können Sie alleine gehen oder mit anderen Menschen, zu denen Sie Vertrauen haben. Inzwischen gibt es schon viele Selbsthilfegruppen, die mit oder ohne Hilfe von Experten arbeiten. Jeder dieser Wege ist begehbar. Im Grunde kommt es nur darauf an, daß Sie die für Sie persönlich am besten geeignete Methode der Auseinandersetzung mit Ihren Träumen finden. Dabei will Ihnen dieses Buch helfen.

Von den Naturvölkern lernen   Manches in diesem Buch mag Ihnen zunächst fremd und phantastisch erscheinen, vor allem, wenn Sie bisher noch wenig Kontakt zur Welt der Träume hatten. Aber es handelt sich dabei um in der modernen Therapie seit C. G. Jung anerkannte Methoden, die sich in langjähriger Praxis bewährt haben. Einiges ist darunter, was wir von den Naturvölkern erst lernen mußten, kopflastig wie wir geworden sind. Die Traumforschung steht in vielen Fragen erst am Anfang. Die eine oder andere Meinung wird kritisch überprüft und vielleicht noch da und dort verändert werden müssen. Das kann unter Experten lange Zeit dauern. Kein Grund, mit der Anwendung der Traumarbeit, die sich in der Praxis längst bewährt hat, unnötig lange zu warten. Hilfe durch Traumarbeit ist *jetzt* notwendig – und möglich.

Dank

Mein ganz besonders herzlicher Dank gilt allen meinen Klientinnen und Klienten, den Teilnehmerinnen und Teilnehmern an meinen Traum-Workshops, die mich in ihr Traumerleben mit hineingenommen haben. Von ihnen habe ich am meisten gelernt. Soweit ich in diesem Buch auf ihre Träume zurückgreife, sind die persönlichen Daten und Begleitumstände aus Gründen des Personenschutzes verschlüsselt und verändert worden.

Wenn ich in diesem Buch bei Sprachbegriffen, die in weiblicher und männlicher Form vorkommen, nicht beide Formulierungen nebeneinander gebrauche, so geschieht das allein aus Gründen der sprachlichen Einfachheit und der Verständlichkeit. Ich meine solche Formulierungen wertneutral, geschlechtsunspezifisch und möchte auf keinen Fall jemanden damit diskriminieren.

Warum wir träumen

Im ersten Teil dieses Buchs erfahren Sie, warum wir jede Nacht träumen. Sie erhalten einen Überblick über die wichtigsten Themen, mit denen sich die Träume der Menschen überall auf der ganzen Welt befassen, und über die Unterschiede zwischen Frauen- und Männerträumen. Sie lernen kennen, was die großen Traumforscher Freud, C. G. Jung und ihre Nachfolger in diesem Jahrhundert an Erkenntnissen über das Träumen gewonnen haben und wie die Vorläufer moderner Psychotherapie in der Antike gedacht haben. Außerdem geht es um die Frage, warum wir die meisten unserer Träume so schnell wieder vergessen, andere aber ein Leben lang im Gedächtnis behalten. Und schließlich lernen Sie ein Modell kennen, wie ein sagenhaftes Naturvolk mit seinen Träumen umgeht, und welche Anregungen wir daraus für unsere Traumarbeit gewinnen können.

Was es mit den Träumen auf sich hat

Nach allem, was die moderne Traumforschung bisher herausgefunden hat, haben unsere nächtlichen Träume eine sinnvolle Funktion. Sie sind nicht nur ein rein zufällig und planlos ablaufendes Neuronenfeuerwerk in unserem Gehirn, sondern sie reinigen unsere Seele. Sie helfen uns, all diese zahllosen Eindrücke, die Tag für Tag auf uns einstürmen, in unserem Inneren zu ordnen, zu sortieren, zu verarbeiten. Sie stellen auf diese Weise das innere Gleichgewicht in uns wieder her, wenn es ins Wanken geraten ist.

Schlaf ist kein passiver Zustand

Schlaf ist kein passiver Zustand, in dem wir uns allein durch Abschalten erholen, unsere Psyche ist im Schlaf sogar äußerst aktiv. Die lebenswichtige Bedeutung des Schlafens und Träumens läßt sich in wissenschaftlichen Experimenten klar nachweisen. Hindert man einen Menschen über längere Zeit am Schlafen und damit am Träumen, so treten bei ihm Konzentrationsstörungen auf. Es lassen sich zum Beispiel Trug- und Wahnvorstellungen beobachten. Da diese Störungen sehr extreme Formen annehmen können, muß man solche Experimente regelmäßig abbrechen. Weckt man jemanden immer am Beginn einer Traumphase und hindert ihn auf diese Weise am Träumen, so holt er die ausgefallenen Traumphasen in den darauffolgenden Nächten nach. Die Traumphasen werden in den folgenden Nächten also länger.

Schlafmittel und Alkoholrausch unterdrücken die Traumtätigkeit

Ein kräftiger Alkoholrausch unterdrückt die Traumphasen. Ebenso findet bei Anwendung von Schlafmitteln und bestimmten Psychopharmaka keine oder jedenfalls keine nennenswerte Traumtätigkeit mehr statt. Setzt man die Schlafmittel wieder ab, so treten wieder vermehrt Traumphasen auf. Der Schlaf wird unruhig. Es kommt zu besonders lebhaften Träumen, die sich zu

Angst- und Alpträumen steigern. All diese Beobachtungen sprechen sehr stark dafür, daß Träume eine psychisch entlastende Bedeutung haben.

Träume reinigen unsere Seele

Nach uralter Vorstellung der Menschen bekommt die Seele nachts im Traum Besuch.

Heute wissen wir, unsere Träume ordnen, sortieren und verarbeiten alle Eindrücke, die wir erleben. Sie helfen uns, unsere Probleme zu lösen. Und sie reinigen unsere Seele.

Die Altmeister der Moderne: Freud, Jung und ihre Nachfolger

Alle Wege zur modernen Traumforschung führen über die Lehre Sigmund Freuds. Er erkannte als erster die volle Bedeutung unserer Träume und entwickelte um 1900 eine moderne Traumtheorie.

Freuds Königsweg ins Unbewußte

Freud bezeichnete das Verstehen unserer Träume als den Königsweg zum Unbewußten. Wer diesen Weg geht, erhält wichtige Aufschlüsse über sich selbst, über seine verborgenen Wünsche und Ängste, über all das, was wir bei Tage vor uns selbst verstecken und verdrängen.

Natürlich ist Freuds Traumtheorie angegriffen, abgelehnt, verändert und inzwischen weiterentwickelt worden. Aber in ihren wichtigen Grundzügen gilt sie noch immer.

Träume als Hüter des Schlafs
Freud sah eine wichtige Aufgabe der Träume darin, unseren Schlaf zu bewachen. Viele Sinneseindrücke um uns herum neh-

men wir nicht bewußt wahr, wenn wir schlafen. Andere aber sind so stark, daß wir erwachen. Das ist biologisch sinnvoll, weil wir uns nur so vor Gefahren schützen können. Zwischen diesen beiden Extremen gibt es viele Eindrücke, die unser Unbewußtes registriert. Aber es baut sie in unsere Träume ein, damit wir nicht wegen jeder Bagatelle geweckt werden. Wahrscheinlich haben Sie selbst solche Träume schon erlebt, in denen Eindrücke aus der Wirklichkeit scheinbar nahtlos in Ihre Träume übernommen werden.

Traumbeispiel

Ein 70jähriger Mann berichtet folgenden Traum: »Die Königin von Schweden kommt zu Besuch. Ich gehe hinunter in die Stadt zum Hafen und sehe, wie ihr Schiff einläuft. Viele Menschen stehen an der Kaimauer und winken. Vom Schiff winken Menschen zurück. Kanonen geben zur Begrüßung Böllerschüsse ab.«

Am nächsten Morgen fragt seine Frau ihn, ob er letzte Nacht auch so schlecht geschlafen habe. In der Nachbarschaft sei eine Hochzeit gefeiert worden. Und dort habe man gegen halb fünf am Morgen Böllerschüsse abgegeben. Der Mann selbst ist Teilnehmer am Zweiten Weltkrieg gewesen und reagiert aufgrund seiner Kriegserlebnisse sehr empfindlich gegenüber Schußgeräuschen aller Art. Offenbar wollte sein Traum ihm den Schlaf erhalten, indem er ihm signalisierte: Es besteht keine Gefahr. Du bist nicht im Krieg. Die Kanonenschüsse, die du hörst, sind friedlicher Art. Grundsätzlich bedarf es bei jeder subjektiv empfundenen Schwerhörigkeit einer möglichst raschen und sorgfältigen Untersuchung durch einen Hals-Nasen-Ohren-Arzt, um eine körperliche Ursache der Störung auszuschließen.

Die Traumzensur

Kinder teilen ihre Wünsche oft noch völlig unverstellt mit. Wenn sie eifersüchtig auf jüngere Geschwister sind, schockieren sie ihre Eltern manchmal durch Äußerungen wie: »Das Brüderchen soll tot sein.« Sind sie wütend auf ihre Mutter, so sagen sie ihr ins Gesicht: »Du sollst sterben!« Erwachsene würden sich solche Wünsche nie gestatten, nicht einmal in ihren finstersten Träumen. Deshalb, so Freud, greift bei ihnen die Traumzensur ein. Sie schwächt moralisch nicht akzeptable Wünsche ab und entschärft sie. Vielleicht stirbt dann im Traum zwar ein naher Angehöriger. Aber das Ganze geschieht schicksalhaft, durch Krankheit oder durch Unfall. Von einem Wunsch des Träumenden ist nirgends eine Spur erkennbar. Im Gegenteil, der Träumende empfindet in seinem Traum sogar Trauer.

Freud erklärt mit Hilfe seiner Theorie von der Traumzensur, warum unsere Träume oft so verschlüsselt sind, daß sich ihre Botschaft nur schwer erkennen läßt. Seine Erklärungen sind nicht immer ganz befriedigend, aber auch die modernen Traumforscher tun sich schwer, ihnen ein besseres Erklärungsmodell entgegenzusetzen.

Assoziationen zum Traum

Sigmund Freud hatte eine einfache, aber geniale Methode entwickelt, wie man den Sinn seiner Träume erschließen kann: die Assoziation. Überall in der Welt wenden Therapeuten aller möglichen Richtungen diese Methode heute noch immer mit Erfolg an. Der Träumende spricht in entspanntem Zustand einfach alles das aus, was ihm zu einem bestimmten Schlüsselbild aus seinem Traum einfällt.

> Ein König ist der Mensch, wenn er träumt; ein Bettler, wenn er denkt. *Friedrich Hölderlin, 1770–1843*

C. G. Jung – auf dem Weg der Persönlichkeitsentfaltung

Auch C. G. Jung arbeitete mit solchen Assoziationen. Aber er veränderte ihre Anwendung. Er ließ keine »endlosen« Assoziationsketten von Einfällen zu wie Freud, sondern führte seine Klienten schnell immer wieder zu ihrem Traum selbst zurück. Denn um dessen Botschaft geht es.

Märchen und Mythen in unseren Träumen

C. G. Jung bot den Träumenden vor allem die Möglichkeit, ihre Traumbilder mit den alten Motiven der Volksmärchen und Mythen zu vergleichen – eine sehr erfolgreiche Methode, aus der sich inzwischen die therapeutische Märchentherapie entwickelt hat. In ihr ordnet man bestimmte Märchen oder Mythen den jeweils zur Bearbeitung anstehenden Lebensproblemen zu. Die Träume der Klienten geben dabei wichtige Hilfen.

Hierzu das folgende Beispiel.

Traumbeispiel

Ein etwa 40 Jahre alter Mann hatte eine Firma gegründet, die sich zunächst sehr erfolgreich entwickelte, dann aber infolge einschneidender Veränderungen der Marktsituation Konkurs anmelden mußte. Zu dieser Zeit erlebte der Mann folgenden Traum:

»Ich bin unterwegs. Da erhalte ich die Nachricht, daß mein Haus abgebrannt ist. Aber ich kann nicht nach Hause zurück. Ich muß weiterreisen.

Als ich auf einen Parkplatz zu meinem Auto zurückkomme, stelle ich fest, daß der Wagen aufgebrochen worden ist. Irgendwelche Papiere liegen wild verstreut herum. Auch mein Koffer mit meinen wichtigsten Arbeitsunterlagen ist verschwunden. Ich will die Polizei benachrichtigen, habe aber keine Hoffnung, daß sie den Täter finden wird.

Nachts, auf dem Weg zurück zum Hotel, werde ich angegriffen und von hinten niedergeschlagen. Die Täter konnte ich nicht sehen. Alles kam sehr plötzlich. Ich liege im Rinnstein. Die Leute gehen achtlos an mir vorbei. Niemand scheint mich zu bemerken. Als ich in die Innentasche meiner Jacke fasse, stelle ich fest, daß meine Brieftasche verschwunden ist.«

Es ist das Märchenmotiv vom Hans im Glück, das in diesem Traum anklingt. Für den Träumenden geht es in dieser verzweifelten Situation darum, loslassen zu lernen: den Erfolg, seinen materiellen Wohlstand, die erreichte Sicherheit. Wie bei Hans im Glück zerrinnt ihm das alles unter den Händen. Was ihm bleibt, ist lähmende Depression. Der Träumende quält sich mit Selbstvorwürfen und Schuldgefühlen gegenüber seinen Angehörigen und ehemaligen Mitarbeitern.

Sein Traum und die Arbeit an dem darin anklingenden Hans-im-Glück-Motiv helfen ihm, sein Leben völlig neu zu sehen. Er lernt, seinen eigenen Wert nicht mehr allein an äußerem Erfolg zu definieren. Denn der Erfolg ist launisch und das Glück wechselhaft. Er begreift, daß seine neue Situation auch positive Seiten hat. Er gewinnt Zeit für seine Familie, die er über Jahre hinweg vernachlässigt hat. Er lernt die positiven Seiten eines Rückzugs nach innen kennen und schöpft aus der Auseinandersetzung mit seinen Träumen neue Kraft und neue Ideen. Er sieht klar, wer seine wenigen wahren Freunde sind, die jetzt noch zu ihm halten. Und er begreift, wie wenig an materiellem Wohlstand für sein Leben wirklich notwendig ist. Er wirft Ballast ab: ein erster Schritt zum Neuanfang.

Werde, der du bist

Menschliche Entwicklung vollzieht sich nicht immer in ruhigen und harmonischen Bahnen, sondern ist oftmals von Krisen geschüttelt. Jeder Mensch durchläuft solche Krisen und Entwicklungsstufen. C. G. Jung nennt diesen Prozeß der Selbstentfaltung den Individuationsweg. Er vergleicht die Entwicklung des Menschen mit dem Wachstum einer Bergkiefer hoch oben auf felsigem Boden. Dieser Baum entspricht keineswegs dem Idealbild einer Kiefer. Er muß mit den kargen Bodenbedingungen fertigwerden. Gewitter und Stürme setzen ihm zu. Unter der Schneelast im Winter brechen ihm Äste ab. Er wächst nicht bilderbuchmäßig gerade nach oben, sondern duckt sich vor dem Wind und trotzt ihm dennoch.

Das kollektive Unbewußte

Typische Wachstumskrisen Tröstlich mag sein: die typischen Wachstumskrisen in unserem Leben sind nicht unsere Krisen allein. Sie sind Stationen, die praktisch alle Menschen überall auf der Erde und zu allen Zeiten in vergleichbarer Form durchlaufen. Geburt, Liebe, Mitmenschlichkeit, Krankheit, Tod – das sind Grunderfahrungen, die jeder Mensch durchlebt, abenteuerlich und faszinierend oft, verzweifelt schmerzhaft immer wieder. Aber alle Freude, alle Schmerzen und Qualen sind niemals nur unser persönliches Einzelschicksal. Nach C.G. Jung sind alle Erfahrungen, ist das gesamte Wissen der Menschheit im kollektiven Unbewußten gespeichert. Wie ein Gefäß enthält es alle Rituale und Verhaltensweisen, die für die Mitglieder einer Kultur so selbstverständlich geworden sind. Kein Mensch denkt mehr über ihren Sinn nach. Aber sie tragen. Ohne sie wäre ein reibungsloses Zusammenleben in der Gemeinschaft nicht denkbar.

In vielen, nicht in allen unseren Träumen erhalten wir Zugang zum kollektiven Unbewußten. Wir erfahren auf diese Weise oft entscheidende Hilfen für unser Leben, die unserem Wachbewußtsein verschlossen bleiben würden. Der noch längst nicht voll erforschte Bereich der Intuitionen und der Ahnungen hat hier seinen Ort. Warnträume, von denen Beispiele in unendlich großer Zahl inzwischen überprüft vorliegen, schöpfen aller Wahrscheinlichkeit nach aus den Quellen des kollektiven Unbewußten.

Traumbeispiel

Folgender Traum wird in der Literatur immer wieder, unter anderem auch von dem Dichter Werner Bergengruen, überliefert: Ein Mann träumt von einem Fahrstuhl, der abstürzt. Er sieht das Gesicht des Fahrstuhlführers genau vor sich. Am nächsten Tag will er in einem Kaufhaus in Paris den Fahrstuhl betreten. Da erkennt er das Gesicht des Fahrstuhlführers aus seinem Traum wieder. Daraufhin kehrt er erschrocken um. Der Fahrstuhl stürzt ab.

Ein anderes Beispiel

Ein Ehepaar übernachtet auf der Durchreise im Motel einer kleinen Stadt. In der Nacht träumt die Frau, das Hotel stürze mit einem entsetzlichen Knall zusammen. Nach dem Erwachen drängt sie ihren Mann zur Abfahrt, obwohl es noch sehr früh am Morgen ist und ihr Mann lieber noch das Frühstück im Hotel einnehmen möchte.

Ein paar Tage später liest die Frau in der Zeitung eine kurze Notiz, daß ein Lastwagen in exakt dieses Motel in jener Kleinstadt gerast ist, in dem sie übernachtet hatten. Das ganze Haus war dabei zusammengestürzt. Der Unfall hatte sich nur wenige Stunden nach ihrer Abreise ereignet.

Solche Traumbeispiele sind in so großer Zahl überliefert und wissenschaftlich überprüft worden, daß keine vernünftigen Zweifel an ihrem Wahrheitsgehalt mehr möglich sind. Viele von ihnen beziehen sich auf Flugzeugabstürze, aber auch auf Zugunglücke, Schiffsuntergänge oder auf Unfälle mit Personenkraftwagen oder Bussen. Mit einleuchtenden Erklärungen für solche prophetischen Träume tun sich die Wissenschaftler noch ein wenig schwer. Aber das sollte uns nicht hindern, Warnträume als Brücke zum kollektiven Unbewußten ernst zu nehmen.

Zeitleisten

Noch etwas stimmt nachdenklich: Wenn Träume auf künftige Ereignisse hinweisen können, dann müssen diese Ereignisse im Grunde schon vorhanden sein. In der Tat vertreten heute namhafte Wissenschaftler, vor allem Physiker, die Auffassung, die Zukunft existiere bereits. Man könne in der Zeit wie auf einer Leiste vor- und zurückgehen. Wenn diese Theorie stimmt, dann bleibt für uns in unserem Leben wahrscheinlich nur ein geringer Entscheidungsspielraum. Ob es diesen Spielraum gibt und wie groß er ist, um diese Frage haben sich bereits Luther und Erasmus von Rotterdam vor ungefähr 500 Jahren die Köpfe zerbrochen. Heute gewinnt diese Frage unerwartet an Aktualität, obwohl wir in einer sehr diesseitsorientierten Welt leben.

Mandalas – Kraftzeichen im Traum

C. G. Jung erkannte als erster die volle Bedeutung der Mandalas in unseren Träumen. Mandalas sind Bilder, in denen der Kreis und das Quadrat eine wichtige Rolle spielen. Die Mönche in tibetischen Klöstern nutzten solche Darstellungen, die sich an geometrischen Figuren auf ein Zentrum hin ausrichten, als Meditationshilfe.

Ordnungszeichen Mandalas sind Ordnungszeichen. Sie enthalten den Versuch, die unauflösbare Spannung zwischen dem Runden und dem Eckigen, zwischen Kreis und Quadrat, zwischen dem Männlichen und dem Weiblichen, zwischen Yin und Yang, auf einen Nenner zu bringen. In den Träumen treten Mandalas häufig in Zusammenhang mit krisenhaften Situationen auf, wenn unser Leben von Verwirrung und Ratlosigkeit bestimmt ist. Mandala-Träume helfen dabei, sich an einer festen Ordnung zu orientieren.

Traumbeispiel

Eine junge Frau träumt von einem parkähnlichen Garten, der in vielen Quadraten angelegt ist. Mittendrin sieht sie einen Kreis mit einem Springbrunnen. Aber die Wasserfontäne sprudelt nicht richtig. Da sind immer wieder Unterbrechungen. Und manchmal rieselt das Wasser nur dünn.

Die Träumende begibt sich auf die Suche nach der Ursache dieser Störung. Sie gräbt den Boden auf und findet in der Zuleitung zu dem Springbrunnen ein schwarzes Tier. Es ähnelt einer Kröte. Nachdem sie dieses Tier entfernt hat, fließt das Wasser wieder kraftvoll und gleichmäßig.

In ihrem Leben steckt die junge Frau zum Zeitpunkt ihres Traumes tatsächlich in einer Krise. Endlose Streitereien mit ihrem Partner zehren an ihren Kräften und geben ihr das Gefühl, ihre Lebenskraft gerate ins Stocken. Im Traum gelingt es ihr, die Störung zu beheben. In der Realität zeichnet sich eine Trennung von ihrem Partner ab.

Die Nachfolger Freuds und C. G. Jungs

Freud und C. G. Jung setzten wichtige Eckpfeiler in der Traumlehre. In der zweiten Hälfte des 20. Jahrhunderts entwickelten sich daraus vielfältige Varianten und allerlei bunte Mischformen. Da gibt es Therapiearten, in denen man überhaupt nicht nach der in Symbolen verschlüsselten Traumbotschaft fragt, sondern die Träume so stehen läßt, wie sie sind. Man schaut sich nur jedes Detail des Traumes genau an. Auch so kann der Traum seine Wirkung entfalten.

Körpertherapien

Eine andere Methode des Umgangs mit Träumen erinnert an die Körpertherapie des Psychoanalytikers Wilhelm Reich. Er fand heraus, daß sich psychische Komplexe in Muskelverspannungen bestimmter Körperregionen niederschlagen. Wo es ihm gelang, diese Muskelspannungen zu lösen, löste sich zugleich die Störung der Psyche auf. Anhänger dieser Therapieform ermutigen die Träumenden, beim Berichten ihrer Träume zu fühlen, in welchen Körperregionen sich Reaktionen zeigen.

Jede dieser Richtungen hat ihre Vorzüge. Aber keine von ihnen eignet sich für alle Träume. Deshalb empfiehlt es sich für Therapeuten ebenso wie für Laien, die alleine oder in einer Selbsthilfegruppe mit ihren Träumen arbeiten wollen, sich möglichst nicht auf nur eine Methode der Traumarbeit festzulegen. Je offener Sie für die ganze Fülle der Möglichkeiten im Umgang mit Ihren Träumen sind, um so mehr Freude und Erfolg wird Ihnen die Beschäftigung mit Ihren Träumen bringen.

Wovon wir nachts träumen

Traumforscher in den USA und in Europa haben inzwischen Tausende von Traumberichten gesammelt und ausgewertet. So ergibt sich ein beachtlicher Überblick über die häufigsten Trauminhalte und Traumthemen. Aufgrund dieser Untersuchungen läßt sich heute ziemlich genau sagen, wovon die Menschen träumen.

Frauen träumen ganz anders als Männer

In den Träumen der Frauen bestimmen weit mehr Gefühle und familiäre Inhalte das Traumgeschehen als in den Träumen der Männer. Beide Geschlechter kommen in ihnen gleich häufig vor. Männer träumen dagegen öfters von anderen Männern, von Aggressionen, vom Konkurrenzkampf, vom Sich-Durchsetzen, von Unglück und von Ehrgeiz.

Traumthema Nr. 1 ist die Familie

Ganz allgemein ist häufigstes Traumthema der Erwachsenen die Familie (44 Prozent). Meist handeln die Träume von der gegenwärtigen Familie des Träumenden. Seltener geht es um sein Elternhaus. Aber wer seine Träume über längere Zeit aufmerksam beobachtet, weiß, daß Überschneidungen zwischen familiärer Gegenwart und der Vergangenheit häufig vorkommen. Die Wurzeln für alle unsere sozialen Verhaltensmuster und für unsere Probleme auf dem Gebiet des zwischenmenschlichen Zusammenlebens reichen meist weit in die Kindheit zurück. Die wichtigsten Strategien, nach denen wir als Erwachsene mit anderen Menschen umgehen, erlernen wir eben schon in den ersten sechs Jahren unseres Lebens.

Gefahrenträume überwiegen

In 29 Prozent der Erwachsenenträume kommen gefährdete Angehörige vor. Die Träumenden sehen sie verletzt, bedroht, sterbend oder tot. In acht Prozent der Träume werden die Träumen-

den verfolgt oder angegriffen. Sechs Prozent handeln vom Beruf, fünf Prozent vom Fallen und von Stürzen. In einem Prozent geht es um das Essen und in ein bis sechs Prozent um Sex.

Häufigster Ort der Handlung: das Zuhause

Ort der Handlung ist in 33 Prozent der Träume das Zuhause, meist das Wohnzimmer. Bei 15 Prozent spielen sich die Träume in Verkehrsmitteln, beispielsweise in Bussen, Eisenbahnen oder Flugzeugen, ab. Bei zehn Prozent geschieht der Traum auf der Straße oder auf Plätzen, bei weiteren zehn Prozent auf Parties, am Strand, bei Vergnügungen.

Meist gehen und sprechen Menschen in ihren Träumen. Und fast immer tritt außer dem Träumenden selbst noch eine weitere Person auf. Bei 33 Prozent kommen zwei oder mehr Personen im Traum vor, vor allem Verwandte oder Bekannte.

Wie häufig wir wovon träumen

In unseren Träumen überwiegen Unglück und Mißgeschick

Unglück, Mißgeschick und Mißerfolg (46 Prozent) kommen in den Träumen der Erwachsenen weit häufiger vor als Erfolg (17 Prozent). An Gefühlen überwiegen Angst (14 Prozent), Wut (10 Prozent), Überraschung (10 Prozent), Freude (7 Prozent), Traurigkeit (5 Prozent) und Scham (1 Prozent). Insgesamt treten unangenehme Empfindungen weit häufiger auf als angenehme.

Geschlecht und Alter bestimmen den Inhalt der Träume entscheidend. Dagegen spielen Bildungsgrad, Rassen- und Schichtenzugehörigkeit fast gar keine Rolle.

Große Traumgefühle gibt es selten

Zwar gibt es Träume voll von gewaltigen, archaischen Gefühlen. Aber sie sind eher selten. Oft fehlen in den Träumen Gefühle, obwohl sie eigentlich vom Geschehen her zu erwarten wären.

Ein etwa 50jähriger Mann erhält in seinem Traum Besuch von einem Kollegen, mit dem er sich gut versteht. Dieser Kollege überbringt ihm die Schreckensbotschaft, man werde ihn verbrennen. Nach dem Erwachen wundert sich der Mann darüber, daß ihn diese Nachricht emotional kaum berührte. Sie löste keinerlei Angstgefühle in ihm aus.

Diese geringe Gefühlsbetroffenheit erklärt sich damit, daß Verbrennen im Traum eben nicht immer gleichzeitig eine totale Existenzvernichtung bedeutet. Im Gegenteil, wie in den alten Mythen und Volksmärchen, entsteht durch das Verbrennen ein ganz neuer Mensch. Verbrennen gilt daher in der Traumsprache eher als Symbol der Wandlung, als ein Zeichen, daß im Leben des Träumenden grundlegende persönliche und positive Veränderungen anstehen.

Die meisten Gefühle im Traum entsprechen in ihrer Stärke ungefähr unseren Gefühlen, wie wir sie in der Tageswirklichkeit erleben. Oft sind sie flacher. Was allerdings immer wieder auffällt: Die Gefühle aus unseren Träumen begleiten uns häufig bis in den Tag hinein. Ein Traum voll positiver Gefühle gibt uns Kraft bis weit in den Tag hinein. Und umgekehrt bedrücken uns Träume mit belastendem Gefühlsinhalt noch lange Zeit nach dem Erwachen.

Die »Versatzstücke« für unsere Träume stammen meist aus dem gewöhnlichen Alltag

Die Themen, Gestalten, Schauplätze und »Versatzstücke«, mit denen unsere Träume arbeiten, stammen meist mitten aus dem gewöhnlichen Alltag. In unseren Träumen verändern wir zwar die Wirklichkeit, aber wir erfinden sie selten völlig neu. Ihren typischen bizarren Charakter erhalten Träume erst durch die unlogischen und abrupten Szenenwechsel.

Traumbeispiel

Der Komponist und Violinist Guiseppe Tartini hatte am Abend in einem Buch über die Faustlegende gelesen, in der der Teufel persönlich Dr. Faust erscheint und mit ihm einen Pakt schließt.

In der darauffolgenden Nacht träumte Tartini, der Teufel säße auf seinem Bett. Er hielt eine Geige in der Hand und spielte ihm darauf eine Melodie von unglaublicher Schönheit vor.

Sofort nach dem Erwachen versuchte Tartini, diese Melodie aufzuschreiben. Das gelang ihm nicht vollständig. Aber das, was dabei herauskam, hielt er selbst für sein bei weitem am besten gelungenes Stück, nämlich die später weltberühmte und noch heute in den Konzertsälen häufig gespielte Teufelstrillersonate.

Häufig benutzen unsere Träume sogenannte Tagesreste. Das sind Eindrücke, die uns kurze Zeit vor dem Traum beschäftigt haben. Im Traum greift unser Unbewußtes sie auf und verändert sie. Solche kreativen Träume sind kein Vorrecht berühmter Künstler. Sie ereignen sich in vergleichbarer Weise Nacht für Nacht auch bei uns gewöhnlichen Sterblichen. Nur lassen wir ihre Botschaft leider noch zu oft ungenutzt an uns vorüberziehen.

Träume dauern nicht nur einen Augenblick

Lange Zeit hat man geglaubt, Träume dauerten nur einen Augenblick, auch wenn sie dem Träumenden noch so lang vorkommen.

Diese Ansicht geht auf den französischen Arzt Alfred Maury zurück, der im vorigen Jahrhundert von einem Traum »so lang wie ein Roman« berichtet.

Inzwischen haben die Traumforscher Tausende von Träumenden in ihren Schlaflabors beobachtet. Dabei hat sich gezeigt, daß die Träume im gleichen Tempo wie Tagesphantasien ablaufen. Die Länge eines Traumberichts entspricht also ziemlich genau der jeweils gemessenen Traumzeit.

Traumbeispiel

In diesem Traum gerät der Träumende mitten hinein in die Wirren der Französischen Revolution. Man stellt ihn vor ein Gericht. Er wird zum Tod durch die Guillotine verurteilt. In dem Augenblick, als das Fallbeil heruntersaust, erwacht der Träumende. Er stellt fest, daß ihm der Baldachin seines Bettes auf den Hals gefallen ist. Also, dachte er, muß sich der ganze Traum zwischen dem Sturz des Baldachins und dem Erwachen abgespielt haben. Doch sehr wahrscheinlich ist dieser Gedanke nicht richtig.

Warum Träume oft besser als unser Verstand wissen, was gut für uns ist

Unsere Träume schöpfen aus einer wesentlich umfangreicheren Informationsquelle, als uns das in wachem Zustand möglich ist. Der Grund: im Traum haben wir Zugang zu unserem Unbewußten. Wie in einem Computer wird darin alles gespeichert, was wir je mit unseren Sinnen wahrgenommen oder gewußt haben. Nacht für Nacht rufen unsere Träume dort Informationen ab.

Dagegen ist die Kapazität unseres bewußten Denkens recht klein. Die meisten Eindrücke vergessen wir schnell wieder. Das bedeutet, sie sinken ab in unser Unbewußtes.

Unsere Träume haben vor allem die Aufgabe, Informationen aus dem Unbewußten in unser Bewußtsein zu transportieren, um damit einseitige oder falsche Vorstellungen von unserer Lebenssituation zu ergänzen oder richtigzustellen. Das ist längst nicht ihre einzige Aufgabe, aber die wichtigste.

Träumt eigentlich jeder Mensch?

Viele Menschen sagen: »Das ist ja alles gut und schön. Aber ich träume nachts nie.« Diese Überzeugung ist falsch.

Traumforscher konnten einwandfrei nachweisen: Jeder Mensch träumt in jeder Nacht vier- bis sechsmal. Die Dauer der einzelnen Traumphasen ist unterschiedlich. Sie reicht von drei Minuten bis zu einer Stunde. Nur können sich viele Menschen am nächsten Morgen an ihre Träume nicht mehr erinnern. Deshalb behaupten sie felsenfest, nicht geträumt zu haben.

Traumphasen im Schlaf

In Schlaflabors hat man in den letzten Jahrzehnten bei vielen tausend Menschen nachts die Gehirnströme, die Muskelspannung, die Augenbewegungen sowie die Herz- und Atemfrequenz gemessen. Vor allem die typischen Augenbewegungen im Schlaf zeigen zuverlässig an, wann jemand träumt. Man nennt deshalb die nächtlichen Traumzeiten auch REM-Phasen (Rapid Eye Movement). Manche Traumforscher erklären diese Augenbewegungen damit, daß der Träumende mit seinen Augen dem Traumgeschehen folgt.

Schon fünf Minuten nach dem Erwachen erlöschen die meisten Traumeindrücke, wenn wir sie nicht sofort in unserem Gedächtnis festhalten. Nach zehn Minuten sind die Bruchstücke unserer Träume fast oder ganz vollständig verlorengegangen. Selbst wenn man nach dem Erwachen aus einem Traum nur seine Lage im Bett verändert, sinkt bereits ein Teil der Traumeindrücke unwiderruflich in das Reich der Vergessenheit hinab.

Warum verschwinden die meisten Träume am Morgen so schnell wieder?

Freud nahm an, daß es die *Traumzensur* in uns ist, die unsere Träume in der Erinnerung entstellt oder verzerrt oder sie ganz aus unserem Gedächtnis verschwinden läßt. Für Angstträume könnte diese Erklärung zutreffen. Denn Unangenehmes verdrängen und vergessen wir meist schneller, einfach um überleben zu können. Blieben alle Schockerlebnisse, denen wir in unserem Leben ausgesetzt sind, in ihrer vollen Intensität in uns erhalten, wir würden diesen Zustand auf die Dauer psychisch kaum ertragen können. Und Wunschträume vergessen wir nach Freuds Meinung, wenn sie uns im Traum Wünsche erfüllen, die unserer inneren Moralinstanz als unerlaubt erscheinen. Was ist dann aber mit »erlaubten« Wunschträumen? Auch sie bleiben uns nicht immer im Gedächtnis haften. Deshalb zweifeln viele moderne Traumforscher an Freuds Theorie von der Traumzensur. Aber völlig befriedigende Erklärungen für dieses merkwürdig schnelle Verschwinden unserer Träume haben sie ebensowenig anzubieten.

Dieselbe Schwierigkeit tritt übrigens bei der Frage auf, warum wir so symbolhaft verschlüsselt träumen, daß wir unsere Träume oft nur schwer verstehen können. Eine denkbare Antwort wäre: Träume sind Möglichkeiten der Selbsterkenntnis. Und Selbsterkenntnis gehört bekanntlich zu den schwersten Dingen im Leben. Wir sehen zwar leicht den Balken im Auge der anderen, aber den Splitter im eigenen erkennen wir nicht. Wenn es um das Erforschen unseres eigenen Innenlebens geht, sind wir betriebsblind. Uns fehlt der Abstand zu uns selbst. Anderen Menschen gegenüber haben wir ihn durchaus.

Träume, die wir ein Leben lang nicht vergessen

So flüchtig Träume meist sind, manche *große Träume* bleiben uns ein Leben lang im Gedächtnis. Es sind keineswegs nur die Angstträume, die sich tief in unsere Erinnerung eingraben. Oft begleiten uns Wunsch- oder Kraftträume voll ungewöhnlicher Faszination durch das ganze Leben.

Traumbeispiel

Ein zehnjähriges Mädchen berichtet folgenden Traum: »Es war Nacht, und es war stockdunkel. Ich sah ein großes Feuer auf dem Schulhof. Außer mir war niemand da. Aber plötzlich tanzten Federn um das Feuer. Sie verwandelten sich in wunderschöne Frauen. Und dann kam ein Mann aus dem Feuer. Er war mit Gold geschmückt. Er sagte etwas zu den Frauen. Sie wurden wieder zu Federn und verschwanden. Der Mann aber stieg aus dem Feuer und ging in einen Busch. Plötzlich trug der Busch goldene Äpfel. Der Mann nahm viele Äpfel mit, aß sie und verschwand. Dann wachte ich auf, das Licht war an, und ich wunderte mich.«

Der Ort der Handlung in diesem Traum, der Schulhof, liefert bereits einen Hinweis, daß es hier um die Schule des Lebens geht: ein Wachstumstraum. In ihm kündigt sich die Entwicklung des jungen Mädchens zur Frau an – und das bereits zu einem Zeitpunkt, an dem die Pubertät noch weit entfernt zu sein scheint.

Die Federn, die sich hier im Tanz in Frauen verwandeln, sind eine der ältesten archetypischen Ausdrucksformen für den Schritt vom Kind zur Frau. Der Begriff des Flügge-Werdens klingt hier an. Daß dies im Tanz geschieht, betont die rituelle Bedeutung. Bei den Naturvölkern tanzen die Menschen noch heute alle wichtigen Ereignisse von der Geburt bis zum Tode. Dazu gehört auch der Schritt der jungen Mädchen und Männer über die Schwelle des Erwachsenwerdens. Genau diesen rituellen Schritt erzählt hier der Traum einer Zehnjährigen, die mitten im industrialisierten Westeuropa lebt, in dem solche Rituale längst vergessen scheinen.

Der mit Gold geschmückte Mann, goldene Äpfel, Gold überhaupt, das alles sind uralte Bilder für Kostbarkeit, Ganzheit, Reife und Bewußtseinserweiterung. Die Äpfel an dem Busch, in den der Mann im Traum geht, der Busch selbst, beides gilt als Fruchtbarkeitssymbol. Das Bild vom Lebensbaum klingt hier an. Wir kennen es aus der Schöpfungsgeschichte des Alten Testaments. Da entwickelt ein junges Mädchen, lange bevor es die Schwelle zum Frausein überschreitet, das ganze archaische und zugleich persönliche Konzept vom Werden und Reifen in Traumbildern von ungewöhnlicher Schönheit. Solche »großen Träume«, wie C. G. Jung sie nennt, sind seltene Kostbarkeiten. Wahrscheinlich vergessen wir sie deshalb nie.

Traumarbeit in der Antike – Vorläufer moderner Psychotherapie

Erst in den vergangenen Jahrzehnten hat die Wissenschaft bei uns allmählich begonnen, sich ernsthaft mit den Träumen zu befassen. Was sie dabei an Erkenntnissen zutage fördert, ist überraschend, oft verwirrend, aber immer hochinteressant. Und aller Wahrscheinlichkeit nach stehen wir heute erst am Anfang unserer Entdeckungen über Träume und ihre Möglichkeiten für den Menschen.

Frühere Kulturen legten großen Wert auf den Umgang mit ihren Träumen. Schon im alten Ägypten galten Traumdeuter als kluge und gesuchte Männer. Die Bibel berichtet über eine Fülle von Träumen und ihre Deutungen, die modernen tiefenpsychologischen Erkenntnissen voll standhalten. Die Träume und Traumdeutungen des jungen Josef sind nur ein Beispiel dazu (Gen. 37, 5–11). Immerhin verhalfen sie ihm dazu, aus einer Gefangenenzelle heraus seinen steilen Aufstieg zum Regierungsberater und Minister zu beginnen.

Versuche, das Träumen zu erklären

In den alten Kulturen, bei manchen Naturvölkern noch bis heute, gibt es zwei verschiedene Erklärungsversuche für das Träumen. Der eine lautet: die Seele bekommt im Traum Besuch – von den Göttern zum Beispiel oder von Geistern, die dem Träumenden etwas mitteilen wollen. Er versteht diese Botschaft zwar noch nicht so ohne weiteres, aber von Kundigen läßt sie sich entschlüsseln. Die andere Erklärung: die Seele verläßt den Körper im Traum. Sie wandert umher. Darum darf man Schlafende nicht wecken. Ihre Seele würde sonst womöglich den Weg in ihn zurück nicht finden.

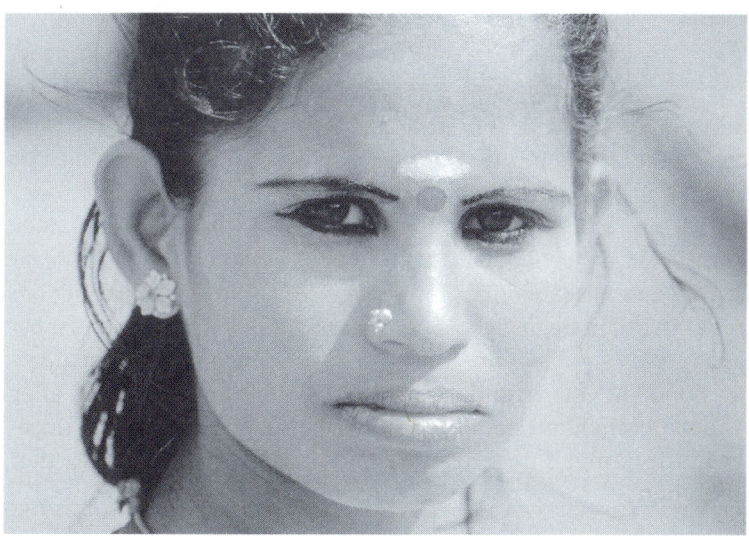

Schon in alter Zeit erhofften die Menschen sich Rat und Hilfe aus ihren Träumen. In Ägypten und in Griechenland begaben sie sich zum Schlaf in den Tempel. Sie bereiteten sich, zum Beispiel mit einem bewußtseinsverändernden Trank, auf die Nacht vor und warteten auf einen besonderen Traum. Im antiken Griechenland hat es schätzungsweise über 600 solcher Tempel gegeben. Die Menschen erhofften von ihren Träumen Aufschlüsse über die Zukunft, Ratschläge für die Lösung von Lebensproblemen, oft aber auch Heilung von Krankheiten. Psychosomatisch Kranke hatten zu jener Zeit kaum andere Mittel als die Begegnung mit ihren Träumen im Tempel. Im Grunde war dies eine frühe Art der Psychotherapie und der Selbsterfahrung.

Traumarbeit bei den Eingeborenen in Malaysia – Mythos oder Modell?

Was Traumarbeit angeht, so können wir am meisten von einem kleinen Naturvolk lernen, das abseits der Zivilisation in Malaysia lebt: die Senoi. Technisch lebt dieses Volk noch heute etwa auf dem Stand der Steinzeit. Aber in seinen zwischenmenschlichen Beziehungen und in der angewandten Psychologie hat es eine so ungewöhnlich hohe Entwicklungsstufe erreicht, wie sie sonst kaum irgendwo auf der Welt zu finden ist.

Bei den Senoi steht die Traumarbeit im Mittelpunkt des täglichen Lebens. Nach mündlichen Überlieferungen pflegen sie den kreativen Umgang mit ihren Träumen bereits seit Jahrhunderten. Traumarbeit ist bei den Senoi eine Selbstverständlichkeit für alle Erwachsenen. Sie ist aber ebenso charakteristisch für die Kindererziehung.

Die Senoi verstehen ihre Träume als positive Kraft, die es möglich macht, die Auseinandersetzung mit sich selbst und mit der Umwelt so erfolgreich wie möglich zu gestalten. Fast traumhaft vollzieht sich bei ihnen die Verbindung von nächtlichen Träumen mit der Technik des gelenkten Wachtraums, der Einübung in reales Verhalten und in kreativen Ausdruck von Trauminhalten. Diese ungewöhnlich hohe Traumkultur ist in ihrer Harmonie, ihrer Integration und vor allem in ihrer therapeutischen Wirksamkeit wahrscheinlich einmalig auf der ganzen Welt.

Sie ist nicht Rückzug aus der Welt oder Verträumen der Wirklichkeit, sondern tragfeste Brücke zur Realität. Der Umgang mit ihren Träumen richtet sich bei den Senoi darauf, die positiven Kräfte in jedem Menschen zu stärken und die negativen Strömungen im eigenen Inneren versiegen zu lassen.

Traumarbeit als fester Bestandteil des täglichen Lebens

Traumarbeit geschieht bei den Senoi so: Jeden Morgen beim Frühstück berichten zunächst die Kinder, dann die Erwachsenen die Träume der vergangenen Nacht. Da die Kinder täglich ihre Eltern erzählen hören und die Reaktionen der anderen auf deren Träume miterleben, sind ihre eigenen Traumberichte für sie etwas vollkommen Selbstverständliches.

Nachdem die Familie die Träume der einzelnen Familienmitglieder diskutiert hat, versammeln sich die Männer der Senoi im Rat. Sie diskutieren die eindrucksstärksten Träume der Erwachsenen und arbeiten sie auf. Da die Senoi nur etwa zwei Stunden täglich für ihren Lebensunterhalt arbeiten müssen, haben sie für ihre Traumarbeit fast den ganzen Tag Zeit. Für sie selbst ist das Traumerlebnis ebenso real und wichtig wie das Erleben in der Wirklichkeit. Alle im Traum auftretenden Gestalten werden als Teile des eigenen Selbst gesehen. Darin stimmt die Einstellung der Senoi zum Traumerleben völlig mit der Auffassung der modernen westlichen Gestalttherapie überein.

Wichtig ist, was der Träumende aus einer Traumbegegnung macht

Hat jemand im Traum eine Begegnung, so ist es wichtig, was er aus dieser Begegnung macht. Dagegen kommt es nicht darauf an, was mit ihm geschieht.

Der eigentliche Kern der Traumarbeit bei den Senoi ist die Gestaltbarkeit der Träume. Dahinter steht die Auffassung, daß bewußte Gedanken, Einstellungen und Emotionen das Traumerleben beeinflussen können. Das oberste Ziel der Traumarbeit liegt darin, Kontrolle und Zusammenarbeit mit allen Kräften und Gestalten zu erreichen. Die Folge ist: Gefühle von hilflosem Ausgeliefertsein an übermächtige Kräfte treten zugunsten einer aktiven Auseinandersetzung mit diesen Kräften zurück. Um dieses Ziel stärkerer Selbststeuerung zu erreichen, haben die Senoi eine Reihe von Traumgrundsätzen entwickelt.

Oberster Grundsatz: sich der Gefahr im Traum stellen

Sieht sich jemand im Traum einer Gefahrensituation ausgesetzt, so kommt es darauf an, nicht zu flüchten, sondern sich der Gefahr zu stellen und mit ihr zu kämpfen. Ausweichen oder Weglaufen bedeutet für die Senoi, dieser Gefahr in immer neuen Gestalten wiederzubegegnen. Auseinandersetzung dagegen heißt, die Gefahr zu bewältigen und damit die Verknotungen von Angst und Aggression im eigenen Inneren aufzulösen. Möglichkeiten der Auseinandersetzung bestehen darin, freundliche Gestalten zu Hilfe zu rufen oder den Traumfeind anzugreifen, mit ihm zu kämpfen, ihn notfalls zu töten.

Auf ein positives Ende des Traums hinarbeiten

Der zweite Traumgrundsatz der Senoi ist, immer auf ein positives Ende oder Ziel des Traums hinzuarbeiten. Negative Trauminhalte sollen möglichst in positive umgewandelt werden, denn die aktive Bewältigung des Negativen setzt Kräfte frei und weckt Gefühle von Freude und Selbstvertrauen.

Besonders wichtig sind den Senoi Träume, in denen Stürzen oder Fallen vorkommt. Hier versuchen sie, ein positives Erleben zu erreichen, indem sie das Abstürzen mit ihrem Tagesbewußtsein umträumen in Schweben oder Fliegen. Der oder die Fliegende genießt dabei ein Glücksgefühl und landet dort, wo sich etwas Erfreuliches oder etwas Schönes findet.

Ein Geschenk von der Traumreise mitbringen

Der dritte Traumgrundsatz der Senoi lautet: Jeder Träumer wird aufgefordert, etwas Kreatives von seiner Traumreise mitzubringen und es mit den übrigen Gruppenangehörigen zu teilen. Damit sind Gaben im doppelten Sinne des Wortes gemeint: als Geschenk und als Begabung, die in jedem einzelnen in irgendeiner Form von Kreativität vorhanden ist.

Der Träumende selbst ist Schöpfer aller seiner Traumgestalten

Im Wachtraum fühlen sich die Senoi-Träumer als Schöpfer ihrer Gestalten. Sie können zerstörerischen Kräften aufbauende entgegensetzen, was in den Nachtträumen ja nicht ohne weiteres gelingt. Durch diese Wachtraumarbeit nehmen auch in den Nachtträumen die Gefühle von Angst, Ausgeliefertsein, Hilflosigkeit, Schmerz, Leid und Beschämung ab. Nach Berichten der Senoi werden die Inhalte aus den Wachträumen tatsächlich sehr schnell in den Nachttraum aufgenommen.

Die Auswirkungen hoher Traumkultur auf das Zusammenleben des Volkes

Wie wirkt sich nun die ohne jeden Zweifel außergewöhnlich hohe Traumkultur auf das reale Leben und Verhalten dieses Volkes aus? Mehrere Forscher berichten übereinstimmend, daß es bei den Senoi seit rund 300 Jahren keine kriegerischen Auseinandersetzungen mit Nachbarstämmen gegeben habe. In den Stammesgruppen und Familien finden sich kaum Ansatzpunkte für Reibereien und Streit. Gewaltverbrechen kommen nicht vor, auch keine Diebstähle. Kopfjägerei, Kannibalismus und Marterungen sind unbekannt. Der Gesundheitszustand der Senoi ist sehr gut. Einige Stämme sind immun gegen Malaria. Geisteskrankheiten wurden nicht beobachtet. Schläge und körperliche Züchtigung in jeder Form sind verpönt. Es gibt keine mit Strafandrohungen versehenen Gesetzesnormen, keine Gefängnisse, keine Polizei und keine psychiatrischen Anstalten. In Familie, Wirtschaft und Politik gelten demokratische Grundsätze. Die Senoi zeichnen sich aus durch ein hohes Maß an psychischer Integration und Reife des Gefühlslebens. Ihre Einstellung zur Gesellschaft begünstigt kreative anstatt destruktive Beziehungen.

Traumarbeit bei den Senoi – ein konkretes Beispiel

Die Traumarbeit bei den Senoi läßt sich am besten an einem konkreten Beispiel begreifen, das die Traumforscherin Gerda Cramer (1983, S. 67 ff.) berichtet:

Traumbeispiel

Ein fünfjähriger Senoi-Junge erzählt folgenden Traum: »Ich wollte am Bach in den Fischfallen nachsehen, ob Fische gefangen sind. Es sind so viele, daß ich einen Korb mitnehmen muß. Auf dem Weg zum Bach kommt plötzlich ein Riesenskorpion auf mich zu. Ich fürchte, daß er mich sticht. Vor Schreck lasse ich den Korb fallen und renne zurück ins Dorf.«

Der Vater des Jungen bedankt sich bei dem Kind zunächst dafür, daß es den Traum mitgeteilt hat. Dann beginnt er mit der eigentlichen Traumarbeit. Der Vater erklärt dem Jungen, daß er diesem Skorpion, vor dem er weggelaufen ist, wiederbegegnen wird, vielleicht in einer anderen Gestalt, und daß er sich dann mit ihm auseinandersetzen muß.

Der Junge entwickelt nun Vorschläge, was er tun könnte: den Skorpion ansehen, nicht vor ihm weglaufen, den Korb über das Tier stülpen, über das Tier hinwegspringen. Dann träumt der Junge mit geschlossenen Augen den Traum in eine Art Tagtraum um. Er berichtet:

Traumbeispiel

»Ich gehe auf dem Weg zum Bach und will Fische holen. Plötzlich sehe ich einen riesigen Skorpion. Ich will weglaufen, bleibe aber stehen. Ich habe große Angst, sehe mir aber das Tier genau an. Ich rufe meinen älteren Bruder zu Hilfe. Er zeigt mir, wie man Skorpione anfaßt, so daß sie nicht stechen. Wir nehmen das Tier mit und geben es dem Ältesten, der aus dem Gift Medizin macht. Dann gehen wir und holen die Fische aus dem Bach.«

Diese Art des Umgangs mit Angstträumen hat hohen und heilsamen Wert. Sie bewährt sich in der modernen westlichen Therapie in gleicher Weise wie bei den Naturvölkern im malaiischen Dschungel. Sie taucht in diesem Buch wieder auf, wenn auch in veränderter und weiterentwickelter Form.

Die Traumkultur der Senoi – Mythos oder Wirklichkeit?

Zwar gibt es inzwischen vereinzelt Stimmen, die behaupten, die Traumkultur der Senoi sei nicht historisch bewiesen. Sie sei in Wahrheit ein Mythos. – Und wenn das stimmte? Wenn sie ein Mythos wäre? Mythen sind keine Lügengeschichten, sondern sie erzählen ihre Wahrheiten nur auf eine andere Weise, als moderne Tatsachenberichte dies tun. Dennoch enthalten sie eine wahre Aussage. Diese läge hier in dem Entwurf einer Vision, wie Traumarbeit in einer menschlichen Gesellschaft beschaffen sein könnte, damit sie ihre Wirkung optimal entfaltet. Solch eine Vision ist sicher nicht geringer einzuschätzen als ein Tatsachenbericht, trägt sie doch die Chance in sich, jederzeit Wirklichkeit zu werden.

Träume richtig verstehen

Im zweiten Teil dieses Buches lernen Sie die phantastische Bildersprache der Träume näher kennen und verstehen. Sie erhalten Einblick in die Bedeutung der Bilder und Szenen, die in den menschlichen Träumen am häufigsten vorkommen. Auf diese Weise öffnet sich Ihnen der Zugang zur Botschaft Ihrer eigenen Träume. Außerdem erfahren Sie, warum es keinen Grund gibt, sich vor Alpträumen zu fürchten, und wie Sie wiederkehrende Angstträume zum Verschwinden bringen können.

Die wichtigsten Stationen unseres Lebens im Spiegel der Träume

Wenn unser Leben gerade in ruhigen Bahnen verläuft, dann haben Träume nicht viel zu tun, um das Bild vom eigenen Selbst in stabilem Zustand zu halten. In solchen Zeiten erinnern wir uns bezeichnenderweise oft kaum an unsere Träume. Wir vergessen sie, weil sie uns nichts Wichtiges mitzuteilen haben.

Aber dann gibt es im Leben eines jeden Menschen typische Krisenzeiten. Sie sind von äußerer oder innerer Unruhe bestimmt. Veränderungen liegen in der Luft, die uns Angst bereiten. Da ist etwas, das wir in unserem Leben aufgeben sollen. Aber das Neue, das auf uns wartet, will sich noch nicht so recht zeigen. Wir stehen auf einer Eisscholle und fühlen uns gerade einigermaßen sicher darauf, weil wir wissen, daß sie uns trägt. Und nun sollen wir in diesem Treibeisfluß, der Leben heißt, auf die nächste vorbeischwimmende Scholle springen – mitten hinein ins Ungewisse. Solche Veränderungen lösen Angst aus, Unruhe und Zweifel.

Lebenskrisen sind Entwicklungschancen

Doch Leben ist Veränderung. »Stirb und werde« lautet der große Grundsatz allen Lebens. Wir können niemals stehenbleiben. Krisen sind ideale Chancen, sich weiterzuentwickeln. Solange es uns gutgeht, sehen wir keinen Anlaß, uns zu verändern. Erst in der Krise mobilisieren wir unsere volle Kraft. So absurd es klingt: Wenn wir mitten in einer Krise stecken, besteht aller Grund, dankbar zu sein. Denn jetzt kann jene Entwicklung in unserem Leben stattfinden, die wir ohne die Krise vielleicht verschlafen würden.

Die typischen Lebenskrisen ähneln sich überall auf der Welt

In einigen unserer Krisen geht es um typische zivilisationsbedingte Lebensprobleme. Aber die meisten Lebenskrisen der Menschen sind auf unserem Globus ähnlich. Das Leben eines Südseeinsulaners ist nicht unser Leben. Und doch gleichen sich die Grundprobleme in auffallender Weise: Geburt, Pubertät, Existenzerhaltung, Partnerwahl, Alter und Tod. Diese gleichen Grundprobleme spiegeln sich in den Träumen der Menschen überall auf der Welt in denselben Bildern wider. Selbst die Mythen und Märchen der Völker zeigen überall auf der Welt vergleichbare Grundmotive. Und diese Märchen und Mythen sind ja Träume der Völker. Dazu ein Beispiel: In dem bei uns bekannten Volksmärchen vom Rotkäppchen spiegelt sich, tiefenpsychologisch gesehen, die Auseinandersetzung des zur Frau erwachenden jungen Mädchens in der Begegnung mit der männlichen Sexualität wider. Dasselbe Motiv findet sich auch in den Märchen der Südseeinsulaner und der Indianer Südamerikas, obwohl diese Völker in ihrer Vergangenheit niemals Kontakt miteinander hatten.

In Krisenzeiten kommt Bewegung in unser Traumleben

In Krisenzeiten, wenn wir verstärkt unter Streß stehen oder unvorbereitet in eine neue Rolle hineingestoßen werden, kommt Bewegung in unsere Träume, vor allem Dramatik. Unsere Träume wollen uns bei der Veränderung unserer Lebensumstände helfen, die anstehenden Probleme zu lösen und unser Selbstwertgefühl aufrechtzuerhalten. Denn gerade in Krisenzeiten brauchen wir ein gutes Selbstbild, um die Erschütterungen in unserem Leben auffangen zu können.

Einen Überblick über die typischen Lebenskrisen und wie sie sich mit Hilfe der Traumarbeit leichter überwinden lassen, finden Sie im dritten Teil dieses Buchs, »Traum-Workshop«.

> Calvin Hall, ein bekannter amerikanischer Traumforscher, hat einmal gesagt: »Jeder, der sich an einfache Regeln zu halten vermag, kann Träume deuten.« Und: »Jeder, der ein Bild ansehen und sagen kann, was es bedeutet, müßte auch in der Lage sein, die eigenen Traumbilder anzusehen und zu sagen, was sie bedeuten. Die Bedeutung eines Traumes ist nicht in irgendeiner Traumtheorie zu finden; sie liegt im Traum selbst« (Hall/Nordby, 1972).

Die Bildersprache unserer Träume

Unsere Träume haben eine besondere Eigenart: Sie sprechen in Bildern. Und die Bilder, die sie uns zeigen, drücken in verschlüsselter Form unsere Gefühle aus. Die Welt unserer Emotionen aber ist uns modernen Menschen meist nicht sehr vertraut. Deshalb fällt uns der Umgang mit unseren Träumen oft schwer.

Die Sprache der Gefühle

Der Mensch unserer Zeit hat viel von der Sprache seiner Gefühle vergessen, solange er wach ist. In seinen Träumen aber spricht er diese Sprache noch. Es ist die gleiche Sprache, die die Völker seit Jahrtausenden in ihren Mythen und Märchen sprechen. Nur haben wir in unserer abendländischen Kultur verlernt, sie zu verstehen, seit wir uns voll und ganz und einseitig dem rationalen technisch-naturwissenschaftlichen Denken verschrieben haben. Darin hat die Sprache unserer Gefühle wenig Platz.

Die Menschen früherer Zeiten, in den großen Kulturen des Ostens wie des Westens, kannten solche Probleme nicht. Sie lebten trotz aller Bedrohung durch Hunger, Not, Kriege und Krankheiten weit stärker in Einklang mit sich selbst. Für sie gehörten ihre Mythen und Träume zu den wichtigsten menschlichen Ausdrucksformen. Mit deren Botschaften setzten sie sich entsprechend intensiv auseinander.

Träume gegen die emotionale Kälte

Wenn wir beginnen würden, uns mit unseren Träumen wieder lebendiger auseinanderzusetzen, wäre viel gegen die mörderische menschliche Kälte unserer Zeit getan. Versuchen wir, ihre Botschaften wieder zu verstehen, so erhalten wir Zugang zu den Schichten unserer Persönlichkeit, die im Begriff sind, kollektiv verschüttet zu werden. Die Symbolsprache unserer Träume ist die wichtigste Fremdsprache, die jeder von uns lernen sollte. Wenn wir sie nicht verstehen, verlieren wir den Kontakt zu einem großen Teil von dem, was wir in all den Stunden wissen und sagen, in denen wir nicht unentwegt damit beschäftigt sind, die Außenwelt zu beherrschen – so der Psychoanalytiker und Philosoph Erich Fromm.

Unsere Träume sprechen in Symbolen, das heißt, die Bilder, die wir in unseren Träumen sehen, stehen stellvertretend für etwas anderes, das sie uns mitteilen wollen.

Du siehst Dinge und du fragst: »Warum?«
Aber ich träume Dinge, die es nie gegeben hat,
und ich frage: »Warum nicht?«

George Bernard Shaw, 1856–1950

Ein erster Blick in die phantastische Welt der Traumsymbole

Das folgende Kapitel öffnet Ihnen den Zugang zur Welt der Traumsymbole. Anhand des in der Menschheitsgeschichte archetypischen Grund-Traumsymbols »Reise«, das sehr häufig in den Träumen der Menschen vorkommt, erhalten Sie einen ersten konkreten Einblick, wie Sie solche archaischen Bilder deuten können.

Aufbruchsituationen

In den alten Volksmärchen beginnt diese Reise oft mit dem Aufbruch aus schwierigen, als bedrückend eng erlebten Verhältnissen. Meist gibt es da einen Ruf, eine Aufforderung, oder ein Bote kommt, der von einem fernen Land erzählt, ein Vogel, der zum Wegfliegen verlockt, ein Engel erscheint, eine innere Stimme meldet sich oder ein Traum, der bewegt. Der Aufbruch geschieht in Angst, aber auch in froher Erwartung. Unterwegs warten Gefahren, Abenteuer, Feinde, Gefangenschaft, gefährliche Wälder. Und wenn die Gefahr am größten ist, erscheint ein Helfer. Er kann aber nur helfen, wenn er gerufen wird. Schließlich, nach einer langen Zeit der Bedrohung, der Erfahrungen und Prüfungen: die Heimkehr. Der Reisende kehrt gewandelt, reifer in die alte Umgebung zurück. Die Möglichkeit entsteht, das Gelernte einzubringen, Anstöße zu geben, vielleicht das Alte zu tun, aber mit einer neuen Qualität.

Gemeint ist die Lebensreise. Und unsere Träume benutzen dasselbe Symbol. Sie verwenden dafür Einzelbilder, wie zum Beispiel den dunklen Wald, wenn sie die scheinbar hoffnungslose Verstrickung des Träumenden anzeigen wollen. Unsere Träume teilen uns Aufbruchsituationen oft in Bildern von Bahnhöfen oder Hotelhallen mit. Beide gelten ja als Orte des Aufbruchs und der Begegnung. Züge, Schiffe, Autos oder Busse sind die Transportmittel, die uns auf unserer Lebensreise im Traum meist voranbringen. Straßen, Wege, Flüsse oder Autobahnen kennzeichnen in der Sprache unserer Träume den Lebensweg selbst. Engel,

Feen, ein alter Mann oder eine alte Frau, allerlei Tiere – sie sind die Helfer, die uns auf unserer Traumreise zur Seite stehen, wenn wir sie um Hilfe bitten. Die Ankunft irgendwo ist keine endgültige. Wir kommen niemals an. Unser ganzes Leben ist eine Reise. Der Weg ist das Ziel.

Gibt es eine Traumsprache, die überall auf der Welt gleich ist?

Archetypische und persönliche Traumsymbole

Unsere Traumsprache verwendet zu einem großen Teil archaische Symbole, denen die Menschen überall auf der ganzen Welt dieselbe Bedeutung beimessen. Manche Traumbilder aber haben eine ganz persönliche Bedeutung. Diese kann bei jedem Menschen anders sein. Sie ist abhängig von dem besonderen Erfahrungs- und Erlebnishintergrund des oder der Träumenden, auch von der Umgebung und von dem Kulturraum, in dem er oder sie aufgewachsen ist. Die Art und Weise, die Welt zu sehen, unterscheidet sich letztlich bei jedem Menschen. Und diese Unterschiede drücken sich eben auch in der Wahl der jeweiligen Traumbilder aus.

Unterschiedliche Bedeutungen ein und desselben Traumsymbols

Wenn jemand zum Beispiel von Regen träumt, so gilt dieses Bild in der Traumsprache allgemein als Ausdruck für Fruchtbarkeit und Wachstum. Aber manche Menschen verbinden mit Regen die Vorstellung von Traurigkeit und Depression. Der Zusammenhang, in dem der Regen im Traum vorkommt, schafft hier sehr schnell Klarheit, welche Bedeutung jeweils gemeint ist.

Traumlexika als Deutungshilfe

Im Grunde ist jeder Mensch seinen eigenen Träumen selbst am nächsten. Dennoch sind Hilfen beim Deuten unserer Träume sinnvoll. Im Buchhandel gibt es geeignete Traumlexika, in denen die wichtigsten, in unserem Kulturkreis immer wieder vorkommenden Traumbilder aus allen Lebensbereichen psychologisch gedeutet werden.

Wenn Sie ein an der Tiefenpsychologie orientiertes Traumlexikon (z. B. Günter Harnisch: Das große Traumlexikon. Über 1 500 Traumsymbole von A bis Z psychologisch gedeutet, 7. Auflage, Freiburg, Basel, Wien 1998) als Hilfe beim Entschlüsseln Ihrer Träume benutzen, so läßt sich dadurch nicht das eigene Bemühen um die Deutung Ihrer Träume ersetzen.

Träume mit oder ohne Hilfe eines psychologischen Traumlexikons zu deuten ist wie das Zusammensetzen eines Puzzles: Erst in der richtigen Ordnung zusammengefügt geben die einzelnen Teilstücke ihren vollen Sinn preis – und damit zugleich die Botschaft, welche der Traum für uns bereithält.
Man kann das Träumedeuten mit Hilfe eines Traumlexikons auch mit dem Erlernen einer Fremdsprache vergleichen, wo Nachschlagen in einem Wörterbuch hilft, sich in der fremden Sprache zurechtzufinden. Aber damit allein beherrscht man die fremde Sprache noch nicht.

Traumrätsel und wie wir sie lösen können

Indem Sie dieses Kapitel sorgfältig lesen, können Sie sich am besten in die Sprache der Träume einleben und lernen, die in ihr enthaltenen Rätsel zu lösen. Die Sprache der Träume ist nicht schwer zu begreifen. Und am besten lernen wir sie, indem wir mit ihr umgehen. Deshalb ist es günstig, wenn Sie an den Stellen, an denen Traumbeispiele wiedergegeben werden, beim Lesen innehalten und zunächst zu jedem Traum Ihren eigenen Gedanken nachgehen. Die folgenden Fragen können Ihnen dabei helfen, sich in den Traum einzufühlen.

Fragen, die Ihnen beim Deuten von Träumen anderer Menschen helfen können

- Wie wirkt dieser Traum auf mich?
- Was für ein Mensch mag der Träumende sein?
- Kann ich mich in die Lebenssituation hineinversetzen, in der er diesen Traum erlebt?
- Was für Gefühle mag der Betreffende beim Erwachen empfunden haben?
- Wie könnte die Botschaft seines Traums in einem Satz zusammengefaßt lauten?
- Gibt es bestimmte Lebensumstände, die dieser Mensch meiner Meinung nach verändern sollte?
- Wenn er oder sie mich um Rat fragen würde: was würde ich ihm bzw. ihr empfehlen?

Stichwörter zu den Traumthemen

Die Deutungen, die Sie in diesem Kapitel zu den einzelnen Traumbeispielen finden, sind bewußt knapp gehalten. Und sie konzentrieren sich auf das thematische Stichwort, unter dem sie wiedergegeben werden. Wenn Sie ein wenig Sicherheit im Träumedeuten gewonnen haben, werden Sie bald feststellen, daß meist noch weitere Deutungsmöglichkeiten bestehen. Vielleicht kommen Sie bei Ihrer persönlichen Deutung auch zu anderen Ergebnissen als der Autor dieses Buchs. Das muß nicht bedeuten, daß Ihre Erklärungsversuche oder die des Autors falsch sind. Träume haben oft unterschiedliche Ebenen, die bei der Deutung eine Rolle spielen können. Und oft fließen eigene Empfindungen, Erinnerungen und Assoziationen des Deutenden mit in die Interpretation ein. Für die Traumarbeit zusammen mit einem Partner oder in der Gruppe entstehen daraus Vor- und Nachteile zugleich. Der Vorteil: der Betreffende erhält im Gespräch über seinen Traum mehr Anregungen, die ihm beim Verständnis seines Traums helfen können. Der Nachteil liegt in der Gefahr, daß ihm eine Deutung »übergestülpt« wird, die er selbst nicht akzeptieren kann. Deshalb gilt für Gespräche über Träume eine wichtige Regel:

> **Wichtigste Grundregel für das gemeinsame Deuten von Träumen im Gespräch**
>
> Nur solche Deutungen gelten, die der Träumende selbst akzeptieren kann. Drängen Sie ihm niemals Ihre Deutung auf, sondern bieten Sie ihm Ihre Deutungsvorschläge als Anregungen an. Kann er sie annehmen, ist es gut; wenn nicht, ist auch das in Ordnung. Alle Deutungsvorschläge sind nur Angebote. Der Betreffende allein entscheidet, ob und wie weit er sie für sich übernehmen kann.

Selbstverständlich können Sie dieses Kapitel auch zum Nachschlagen über Ihre Träume nutzen. Zwar will und kann es Ihnen kein vollständiges Traumlexikon mit psychologischen Deutungsvorschlägen ersetzen. Dafür bietet es den Vorteil einer lebendigeren Dynamik. Denn die Darstellung konzentriert sich auf Deutungshilfen zu typischen Traumzuständen und -tätigkeiten, anstatt Traumsymbole außerhalb ihres Handlungszusammenhangs von A bis Z zu erläutern.

Traumsymbole, die besonders oft vorkommen – Zustände und Tätigkeiten im Traum

In diesem Kapitel erhalten Sie einen Überblick über die Traumbedeutung der wichtigsten Zustände und Tätigkeiten, wie sie in den Träumen der Menschen immer wieder vorkommen. Beim Lesen werden Sie mehr und mehr Sicherheit im Umgang mit Ihren Träumen gewinnen. Natürlich kann die hier getroffene Auswahl kein vollständiges Bild aller Träume bieten. Unser Traumleben ist so ungeheuer reichhaltig, daß hier nur ein begrenzter Teil aller denkbaren Traumthemen dargestellt werden kann. Aber die getroffene Auswahl ist typisch für die Träume der Menschen überall auf der ganzen Welt. Und wer erst einmal den Zugang zur Traumdeutung gefunden hat, dem öffnet das Land der Träume seine Tore wie von selbst immer weiter.

Verletzungen und Krankheiten im Traum

Verletzungen unterschiedlichster Art deuten in der Traumsprache fast immer auf schmerzliche Erfahrungen hin. Wenn Sie träumen, daß Sie durch einen Unfall ein Bein verlieren, so kann sich darin die Angst ausdrücken, Sie könnten in Ihrem Leben in Ihrer Bewegungsfähigkeit eingeschränkt werden. Ähnlich deutet der Verlust einer Hand auf Einschränkungen der Handlungsfähigkeit hin. Wer im Traum den Kopf verliert, ist vielleicht in Gefahr, ihn auch im Sinne der sprichwörtlichen Redensart im realen Leben zu verlieren. Der Traum mahnt also zur Besonnenheit.

Bei Verletzungs- oder Krankheitsträumen hilft es Ihnen fast immer, wenn Sie bei der Deutung genauer hinschauen, welcher Körperteil betroffen ist. Achten Sie darauf, welche Funktion dieser Körperteil hat und wie es zu der Verwundung oder Krankheit kam. Wenn Sie zum Beispiel träumen, daß Ihre Stimme versagt, so könnte es sein, daß Sie in Ihrem wachen Leben Schwierigkeiten haben, Ihre Meinung klar und deutlich zu vertreten.

Oft geben unsere Träume Auskunft über unseren Gesundheitszustand, der uns so nicht oder noch nicht bekannt ist. Solche Hinweise können unter Umständen lebensrettend sein. Manchmal geht es aber auch um eher undramatische Vorgänge in unserem Körper. Zum Beispiel träumen Frauen öfters kurz vor Beginn ihrer Regel vom Verletztwerden. Und in der Tat ist dieser Zeitabschnitt für viele von ihnen auch eine Zeit erhöhter seelischer Verletzbarkeit.

Traumbeispiel

Ein 42jähriger Mann träumt von einem großen Koffer, den er auf einem Lastwagen transportiert. Er hält vor einem großen Haus an und fängt an, den Koffer dort abzuladen. Aus dem Haus kommt ein Mann mit einer Art Sackkarre herausgelaufen. Er will ihm offenbar dabei helfen, den Koffer zu transportieren. Dieser Mann trägt einen Kittel, eine Art Berufsbekleidung für Transportarbeiter. Plötzlich öffnet er den Koffer des Träumenden und nimmt allerlei Gegenstände heraus: ein Gefäß oder eine Tasse und ein rundes Gebilde, das an ein Brot erinnert.

Vier bis sechs Wochen nach diesem Traum erkrankt der Träumende. Er wird in ein Krankenhaus eingeliefert. Die Ärzte eröffnen ihm, daß er an der Gallenblase operiert werden müsse.

Amputationen

Amputiert zu werden ist eine ziemlich unangenehme Vorstellung, denn unser Körper würde unwiderruflich in seinen Möglichkeiten eingeschränkt. Unser Unterbewußtes nutzt dieses Bild im Traum, wenn es uns auf ein unerträgliches Gefühl des Verlusts im realen Leben hinweisen will.

Traumbeispiel

Ein etwa 60jähriger Mann erlebt im Traum, daß ihm sein rechter Arm amputiert werden soll. Mit Panikgefühlen und starkem Herzklopfen erwacht er schweißgebadet.

Im Leben dieses Mannes zeichnen sich um die Zeit, da er den geschilderten Traum erlebt, einschneidende Veränderungen ab. Die Firma, bei der er mehrere Jahrzehnte gearbeitet hat, schickt im Zuge einer Umstrukturierung ihn und andere ältere Mitarbeiter in den Vorruhestand. Dieses Ausscheiden aus dem als erfüllend und erfolgreich empfundenen Berufsleben kommt für ihn völlig überraschend. Er fühlt sich hilflos, weil er mit dem Übermaß an Freizeit, das ihm jetzt unerwartet zur Verfügung steht, nichts anfangen kann. Er hat keine Hobbies und glaubt nutzlos zu sein. In seiner Arbeitswelt galt er als beliebter und erfahrener Fachmann. Jetzt lebt er in dem Gefühl, daß niemand ihn zu brauchen scheint. In seiner Partnerschaft kommt es zu Spannungen, weil er seiner Frau häufig in deren Aufgabenbereiche hineinredet und im Haushalt alles umorganisieren will.

Sein Traum zeigt ihm die Krisensituation, in der er sich befindet, zum erstenmal in aller Deutlichkeit. Der Mann beginnt daraufhin ganz allmählich, sich mit seiner neuen Situation auseinanderzusetzen und sich innerlich auf sie einzustellen. Er nimmt alte Freizeitbeschäftigungen wieder auf, um die er sich jahrzehntelang nicht gekümmert hatte. Er geht angeln und besucht gemeinsam mit seiner Frau Volkshochschulkurse. Ein Weg aus der Krise zeichnet sich ab, nachdem er aufgrund dieses Paniktraums den Ernst seiner gegenwärtigen Lebenskrise begriffen hat. Er selbst sagt, nachdem er die Krise durchlebt hat, er sei damals kurz davor gewesen, den »Rentnertod« zu sterben. Jetzt aber beginne er zu begreifen, daß er mit seiner »Amputation« leben könne, wenn auch eingeschränkter und ganz anders als in seinen erfolgreichen Berufsjahren. Jetzt müsse er in vielen Dingen zurückstecken und kürzertreten. Aber er sehe inzwischen einen Sinn auch in dieser Phase seines Lebens. Gesundheitlich gehe es ihm ja immerhin noch recht gut. Materiell könne er sich allerlei Wünsche erfüllen. Und er bemühe sich darum, seine Partnerschaft wieder lebendiger zu gestalten. Es sei, als ob er sich mit seiner Frau jetzt ganz neu »zusammenraufen« müsse.

Nicht sprechen können

Wer hätte solche Träume nicht schon irgendwann erlebt: Panik lähmt Sie in einer Traumsituation; Sie empfinden blankes Entsetzen. Aber Sie können nicht schreien. Trotz größter Anstrengung bringen Sie einfach keinen Ton heraus. Meist erwacht man unmittelbar im Anschluß an solche Traumsituationen. Und das Entsetzen verfolgt Sie noch einige Zeit in das wache Leben hinein.

Symbolisch drücken solche Träume aus, daß sich der Betreffende in seinem Wachzustand in einer bedrückenden Situation befindet, die er nicht zur Sprache bringen will oder kann. Vielleicht hat er Angst, den Mund aufzumachen, weil er Nachteile für sich befürchtet. Manche Menschen müssen unter schwierigen Umständen leben oder arbeiten, in denen ein offenes Wort als Verrat betrachtet würde. In solchen Situationen ist es lohnend, sich selbst die Frage zu stellen: Was kann mir schlimmstenfalls geschehen, wenn ich offen über mein Problem spreche? Manchmal läßt uns unsere Angst eine Situation als ausweglos erscheinen. Doch wenn wir in Ruhe über sie nachdenken, findet sich eine Lösung. Sie mag mit Nachteilen für uns verbunden sein. Aber die

Klärung einer scheinbar hoffnungslos verfahrenen Situation ist allemal besser, als dauerhaft in lähmendem Entsetzen zu verharren.

Sich nicht bewegen können

Träume, in denen wir uns nicht bewegen können, haben meist eine ähnliche Bedeutung wie die Situationen, in denen wir nicht in der Lage sind, zu sprechen.

Traumbeispiel

Ein 15jähriges Mädchen träumt, sie wird von einem Mann verfolgt, der einen Revolver in der Hand hält. Der Mann nähert sich immer mehr. Sie will weglaufen. Aber ihre Beine versagen. Sie kommt nicht von der Stelle. Jeden Augenblick kann der Verbrecher sie einholen und töten. Die Träumende erwacht schweißgebadet und mit Panikgefühlen.

Solche Träume deuten fast immer darauf hin, daß es im Leben des Betreffenden eine Erfahrung gibt, die ihn vor Entsetzen lähmt. Der Traum will signalisieren: Schau endlich hin! Was versetzt dich in deinem Leben in solch lähmende Panik, daß du nicht einmal mehr flüchten kannst?

In dem hier wiedergegebenen Beispiel ist es die Angst des jungen Mädchens vor der Sexualität. Sie hat sich mit einem 20jährigen Mann angefreundet, der sie sexuell bedrängt, obwohl sie innerlich noch nicht bereit ist, eine solche Beziehung zu ihm aufzunehmen. Auf der anderen Seite fürchtet sie, ihn zu verlieren, wenn sie seine Wünsche nicht erfüllt.

Doch längst nicht immer stecken sexuelle Konflikte hinter Träumen, in denen wir uns nicht bewegen können. Aber fast immer verbirgt sich hinter ihnen ein Problem in unserem Leben, das wir nicht anschauen mögen, weil wir Angst davor haben, es nicht lösen zu können. Vor diesem Problem wegzulaufen ist keine Lösung. Genau das wollen uns Panikträume mit solchem Inhalt sagen: Du kannst nicht vor diesem Problem flüchten. Also schau es dir an! Nur so findet sich eine Lösung.

Sich ausgeschlossen oder ausgestoßen fühlen

Sich von anderen angenommen fühlen ist einer der dringendsten Wünsche bei Kindern wie auch Erwachsenen. In uns gibt es das Grundbedürfnis nach Anerkennung in einer Gemeinschaft. Unser oberstes Ziel ist – und darauf hat der Freud-Schüler Alfred Adler bereits zu Beginn dieses Jahrhunderts hingewiesen –, einfach dazuzugehören. Wir suchen Anerkennung, Schutz und Geborgenheit innerhalb einer Gruppe. Finden Kinder diese Anerkennung in der Familie oder unter Freunden nicht, wirkt sich das negativ auf ihr Selbstwertgefühl aus. Manchmal bleiben sie dann bis ins Erwachsenenalter hinein anfällig für hoffnungslose Beziehungen oder Lebenssituationen.

Traumbeispiel

Ein 40jähriger Mann träumt von einem fremden Haus in einer ihm fremden Stadt. Er betritt einen großen Raum, in dem Menschen in einem Kreis auf dem Boden sitzen. Er schaut sich um, aber er kennt niemanden. Er spricht jemanden an. Aber keiner versteht seine Sprache. Niemand kümmert sich um ihn. Er versucht, sich durch Zeichen zu verständigen. Aber keiner versteht seinen Wunsch, sich mit in den Kreis zu setzen. Es ist, als ob die Menschen durch ihn hindurchschauen, ihn nicht zur Kenntnis nehmen.

Von einer Gruppe ausgestoßen oder abgelehnt zu werden ist eine schockierende Erfahrung. Wer von einer solchen Erfahrung träumt, befindet sich meist in einem Konflikt. Einerseits möchte er zu einer Gemeinschaft dazugehören. Doch zugleich spürt er, daß irgend etwas in seiner Beziehung zu der Gemeinschaft nicht stimmt. Er empfindet entweder sich selbst oder aber die Gruppe als fremd. Das kann die Folge persönlicher Veränderungen sein, die zu Gegensätzen und Spannungen im Kontakt zur Gruppe führen. Gruppen üben manchmal, ob sie wollen oder nicht, Druck gegenüber Andersdenkenden aus. Im wirklichen Leben führt es normalerweise nicht zu einem Ausschluß aus der Gruppe, wenn wir uns verändern, wenn wir unbequeme Meinungen vertreten, die nicht von der Mehrheit der Gruppe geteilt werden. Doch die Angst vor einem solchen Ausschluß ist da, wie das hier wiedergegebene Traumbeispiel zeigt. Dieser Mann hat in seinem Leben versucht, Anschluß an eine politische Gruppe zu finden, von der er sich Veränderungen in der von ihm gewünschten Richtung erhofft. Aber er fühlt sich mit seinen von der Gruppe immer wieder als unbequem erlebten Ansichten abgelehnt und leidet unter diesem Gefühl der Ablehnung. Auf der anderen Seite ist ihm klar, daß er als »Einzelkämpfer« nichts bewirken könnte. Sein Traum will ihn auf das Bestehen dieses Konflikts hinweisen, damit er seine Beziehungen zu der Gruppe überprüfen, neu ordnen und klare Entscheidungen treffen kann. Diese Entscheidungen erweisen sich als wichtig für seinen weiteren beruflichen Weg. Er trennt sich von der Gruppe – schweren Herzens und nach langem Zögern.

Verfolgung

Das Bild einer Verfolgung kommt im Traum außerordentlich häufig vor. Das Traumbewußtsein weist so auf unbewußte Inhalte hin, die in das Wachbewußtsein drängen. Meist geht es dabei um irgendein Problem, das wir in unserem realen Leben nicht wahrnehmen wollen. Deshalb dringt es bis in unsere nächtlichen Träume ein.

Manchmal sind es Einbrecher, die uns in unseren Träumen verfolgen. Mit solchen Bildern informiert uns unser Traumbewußtsein über einen drohenden Verlust. Die Bedrohung kann sich auf unsere Partnerbeziehung, ebensogut aber auch auf unser berufliches Umfeld richten. Manchmal geht es bei Traumbildern vom Verfolgtwerden aber auch um Ängste, die tief in uns selbst sitzen. Ihre Ursache liegt dann oftmals in unangenehmen Erfahrungen, die bis tief in unsere Kindheit zurückreichen. Menschen, die als Kind mißhandelt oder massiv eingeschüchtert worden sind, leiden häufig unter Verfolgungsträumen, obwohl sie sich mit ihrem Tagesbewußtsein kaum noch an diese schmerzhaften Erfahrungen erinnern. Doch ihre Träume sagen: Das alles ist in dir. Schau hin, und setze dich mit diesem Schmerz auseinander. Er ist noch immer da. Und er holt dich immer wieder ein, indem er dein Erwachsenenleben beengt oder deine Beziehungen zu anderen Menschen belastet.

Meist gibt der Zusammenhang, in dem wir im Traum Verfolgungen erleben, Aufschluß für die genauere Deutung.

Traumbeispiel

Ein 10jähriger Junge träumt immer wieder von seinem Vater, der einen Stein auf ihn wirft oder mit seinem Stiefel auf ihn tritt, als er auf dem Fußboden liegt.

Die Beziehung zwischen dem Jungen und seinem Vater ist sehr angespannt. Der Vater schlägt das Kind bei geringfügigen Anlässen. Der Junge weiß nicht, wie er solche Situationen vermeiden kann. Er kann die Gewalt durch den Vater aber auch nicht richtig einordnen. Er kennt ja nur diesen einen Vater und glaubt, dessen Verhalten sei so in Ordnung. Sein Traum zeigt ihm die wahre Situation in ihrer vollen Bedrohlichkeit. Die Krise, in der sich der Junge befindet, ist damit allein allerdings längst nicht gelöst.

Unlösbare Aufgaben

Die griechische Sage erzählt von Sisyphus, der die Aufgabe hat, einen schweren Stein auf einen hohen Berg zu rollen. Immer wenn er fast oben angekommen ist, fällt der Stein zurück in die Tiefe. Wie viele der alten Sagen aus Griechenland enthält auch diese im Grunde ein Traumbild.

Traumbeispiel

Eine junge Frau erlebt im Traum, wie sie in einem Fluß schwimmt. Mit allen Kräften, die ihr zur Verfügung stehen, kämpft sie gegen den reißenden Strom an. Aber sie spürt, daß sie dabei nicht vorankommt, sondern eher immer weiter zurückgetragen wird. Irgendwann gibt sie völlig erschöpft auf und läßt sich vom Wasser treiben.

Oft benutzen unsere Träume ganz andere Bilder, wenn sie uns auf die Unlösbarkeit einer Aufgabe in unserem Leben hinweisen wollen. Das Traumbild, erfolglos gegen den Strom zu schwimmen, ist eins von ihnen. Es zeigt hier, daß die Betreffenden in ihrem Leben vor einer unlösbaren Aufgabe steht. Sie mutet sich

zu viel zu. Sie überfordert ihre Kräfte, spürt die Erschöpfung und ahnt, daß sie ihrem Leben auf die Dauer so nicht gewachsen sein wird. Der Grund muß nicht darin liegen, daß ihre Kräfte zu schwach sind. Die Aufgabe selbst, die sie sich gestellt hat, kann unlösbar sein – jedenfalls für sie und zu diesem Zeitpunkt. Der Traum will dann darauf hinweisen, daß es sich lohnt, die Aufgabenstellung neu zu überdenken und möglicherweise Veränderungen anzustreben.

In dem hier wiedergegebenen Traumbeispiel hat die junge Frau beruflich den Schritt in die Selbständigkeit gewagt und ein Geschäft eröffnet. Aber dieser Schritt überfordert ihre Kräfte in persönlicher und finanzieller Hinsicht weit. Ihr Traum ist Anlaß für sie, sich in ihrer schwierigen persönlichen Situation Rat bei einem Experten zu holen und am Ende das Geschäft aufzugeben.

Prüfungen

Traumbeispiel

Ein 32jähriger Mann berichtet folgenden Traum, der von Zeit zu Zeit in ähnlicher Form wiederkehrt:

»Ich sitze in einem großen Saal. Die Prüfungsaufgaben werden verteilt. Beim Lesen der Aufgaben stelle ich entsetzt fest, daß ich sie nicht lösen kann. Ich bin ratlos und schaue mich hilfesuchend um. Aber meine Nachbarn sitzen weit von mir entfernt. Jeder ist mit seinen Aufgaben beschäftigt. Ich habe mich auf dieses Thema nicht vorbereitet.«

Der Träumende ist in seinem realen Leben ein beruflich erfolgreicher Mann. Er nimmt seine Aufgaben sehr ernst, leidet aber auch immer wieder unter Selbstzweifeln. Bei der Lösung schwieriger Probleme persönlicher oder beruflicher Art reagiert er schnell entmutigt, weil er sich den Schwierigkeiten nicht gewachsen fühlt. Die Eltern erwarteten in seiner Kindheit hohe Leistungen von ihm, ohne diese genügend anzuerkennen.

Prüfungsträume kommen in allen möglichen Varianten vor. Meist handelt es sich um Träume von Menschen, die mehr leisten wollen, als sie können. Sie bürden sich häufig mehr auf, als sie tatsächlich verkraften. Ihr Pflichtgefühl ist fast immer stark ausgeprägt. Wer öfter unter Prüfungsträumen mit negativem Ausgang leidet, würde es sich in Wirklichkeit wahrscheinlich kaum leisten, schlecht vorbereitet in eine Prüfung zu gehen.

Mit Prüfungen sind in der Sprache der Träume alle jene Situationen gemeint, in denen uns das Leben vor besondere Aufgaben stellt. Es geht also um weit mehr als nur um ein Schul- oder Universitätsexamen, mit dem wir unsere Eignung für das Ausüben bestimmter Berufe nachweisen müssen.

Schulträume

Unter Schule ist in der Traumsprache fast immer die Schule des Lebens zu verstehen. Und in der Tat besteht ja das Leben aus einer Kette von Lernprozessen, denen wir uns immer wieder stellen müssen.

Lehrer, denen wir in Schulträumen begegnen, verkörpern oft eine hilfreiche seelische Funktion. Die Lehren und Ratschläge, die wir im Traum von ihnen erhalten, sind Hinweise des Traumbewußtseins. Sie beziehen sich auf konkrete Lebenssituationen des Alltags.

Begegnen wir im Traum Lehrern, die wir nicht kennen, so lohnt es sich zu fragen: An wen erinnert mich diese Traumgestalt vom Typ her oder von irgendwelchen ihrer äußeren Merkmale? Wie fühlte ich mich bei der Begegnung mit dieser Gestalt im Traum? Löste sie eher Angst oder eher Freude aus? Welche Botschaft will sie mir für mein konkretes Leben vermitteln?

Eine etwa 45jährige Frau träumt: »Ich stehe zusammen mit vielen anderen Menschen auf einem Schulhof. Eine Frau aus meinem Bekanntenkreis – sie ist Lehrerin – hält vor der Schulöffentlichkeit eine Rede oder sagt einen Vers auf. Der Schulleiter steht in ihrer Nähe. Ich sehe, daß er seine Hände wie eine Art Trichter um seinen Mund gelegt hat. Er flüstert der Lehrerin immer die nächsten Worte zu, nachdem sie ein paar gesagt hat. Offenbar ist die Lehrerin sehr aufgeregt oder sonst irgendwie gestört. Deshalb entfallen ihr die Worte, die sie sagen möchte.«

Die Frau, die diesen Traum berichtet, leidet sehr unter ihrer eigenen Unsicherheit. Sie möchte sich gerne in der Öffentlichkeit engagieren, sieht sich aber durch ihre Hemmungen, frei zu sprechen, an jedem öffentlichen Auftreten gehindert. Die Lehrerin in ihrem Traum ist offensichtlich die Träumende selbst. Im realen Leben stützt sie sich bei allen wichtigen Aktivitäten auf ihren Mann. Er hilft ihr, wo immer er kann. Das ist die positive Seite des Traums. Er sagt der Träumenden: Da ist jemand, auf den du dich in deinem Leben verlassen kannst, der dir hilft, wo du Hilfe brauchst. Aber zugleich vermittelt der Traum ihr auch das Bild von Abhängigkeit. Er spiegelt ihr, daß sie sich in der Öffentlichkeit nicht ohne die Hilfe ihres Mannes durchsetzen kann. Sie versteht dieses Bild deshalb auch als Aufforderung, mehr Unabhängigkeit anzustreben, sich zu beweisen, daß sie ihre Lebensaufgaben selbständig und ohne die »Zuflüsterungen« ihres Mannes bewältigen kann.

Seine Sachen packen und umziehen

Wer im Traum seine Sachen packt, bereitet sich auf eine entscheidende Veränderung in seinem Leben vor. Dieses Bild sagt in der Traumsprache etwas Ähnliches wie in der Tageswirklichkeit. Wenn man seine Sachen packt, geht es darum, seinen Lebensort zu verändern, umzuziehen, zu verreisen, sich anderswo niederzulassen, jedenfalls die bisherige Lebensweise einschneidend zu verändern.

Traumbeispiel

Eine junge Frau sieht sich im Traum in ihrem Zimmer. Rund um sie verstreut liegen ihre Sachen. Sie sitzt auf einem Koffer. Offenbar ist sie dabei, ihn zu packen. Als sie ihn öffnet, findet sie ein indianisches Kleidungsstück in wunderschönen Farben. Sie zieht es an und tritt damit vor den Spiegel. Sie fühlt sich sehr wohl darin und beschließt, es anzubehalten.

Für die Deutung solcher Veränderungsträume kann es hilfreich sein, einen Blick auf die Gegenstände und Kleidungsstücke zu werfen, die im Traum eingepackt werden. Denn im allgemeinen packen wir solche Gegenstände ein, von denen wir erwarten, daß wir sie in der neuen Lebenssituation brauchen. Was nicht mehr paßt, geben wir auf, legen es als unbrauchbar ab, wenn wir herausgewachsen sind oder etwas für unser Leben als nicht mehr sinnvoll empfinden.

Meist drückt sich in solchen Bildern der innere Wachstumsprozeß aus, den wir in unserem Leben durchlaufen. Manchmal löst er Ängste in uns aus. Wir wissen ja niemals genau, was in der veränderten Lebenssituation auf uns zukommen wird. Und doch läßt sich nichts festhalten. Leben ist Veränderung.

Im Leben der Frau mit dem hier wiedergegebenen Veränderungstraum herrscht Chaos. Die langjährige Beziehung zu ihrem Partner ist zerbrochen. Ihre berufliche Tätigkeit, die sie mit Interesse ausgeübt hat, gibt sie auf, weil sie sich von ihrer Chefin ausgenutzt fühlt und es immer wieder zu Streit kommt. Die junge Frau hat gerade eine therapeutische Ausbildung erfolgreich beendet. Sie beabsichtigt, eine Praxis zu eröffnen.

Ihr Traum spiegelt die Chaossituation wider, in der sich ihr Leben befindet. Aber Chaos ist oft der Zustand, der einer neuen Ordnung vorangeht. Die indianische Kleidung, welche die Frau in ihrem Traum anprobiert, deutet sie selbst als ihre neue berufliche Rolle. Das Indianische versteht sie als Ausdruck starker Lebendigkeit und Naturverbundenheit.

Fallen, abstürzen

Traumbeispiel

Ein 42jähriger Mann träumt: »Ich klettere auf einen Berg. Aber es gibt da keinen Weg, sondern ich gehe mitten durch den Wald steil aufwärts. Der Boden gibt unter meinen Füßen nach. Ich rutsche und befürchte, in einen Abgrund zu stürzen. Aber im letzten Augenblick kann ich mich mit den Händen an Zweigen festhalten. Irgendwann bin ich oben auf dem Rücken des Berges angekommen. Ich finde einen Weg, auf dem ich ohne große Mühe bis zum Gipfel gehen kann. Dort angelangt, genieße ich rundum die wunderbare Aussicht. Die Sonne scheint angenehm warm, und die Luft ist klar. Ich sehe Berge, Täler, Wiesen, Felder, Dörfer und Wälder unter mir. Und in der Ferne ist eine Stadt, zu der alle Straßen hinführen.«

Der Mann befindet sich zum Zeitpunkt dieses Traumes in einer tiefen beruflichen Krise. Er hat mehrfach seine Arbeitsstelle gewechselt, aber wenig Erfolg und Zufriedenheit bei seinen Tätigkeiten gefunden. Seine Partnerbeziehung ist durch seine beruflichen Mißerfolge belastet. In dieser Situation beginnt er eine neue Ausbildung. Er studiert neben seiner Berufstätigkeit, hat daher kaum Zeit, zu schlafen und arbeitet jahrelang bis an die Grenzen seiner Belastbarkeit.

Durch seine zusätzliche Ausbildung erhält er gute Berufschancen. Er gilt als Experte auf seinem neuen Fachgebiet, hat jetzt Erfolg und heiratet ein zweites Mal, nachdem seine erste Ehe endgültig gescheitert ist.

Träume vom Fallen oder Abstürzen symbolisieren meist Zweifel, Unsicherheit, mangelndes Selbstvertrauen und Lebensangst. Oft warnen sie vor Oberflächlichkeit und Leichtsinn. Aber auch ein Verlust an Ansehen und Macht kann sich in solchen Bildern darstellen.

Das Fallen ins Bodenlose oder in einen Abgrund zeigt ernsthafte Konfliktsituationen an. Dagegen deuten Stolpern, Ausrutschen und Hinfallen in der Traumsprache eher auf vorübergehende Schwierigkeiten.

Manchmal gibt es auch angenehme Gründe dafür, daß wir in unseren Träumen den Boden unter den Füßen verlieren: zum Beispiel den Zustand des Verliebtseins.

Am besten fragen Sie sich, wenn Sie solche Träume erleben: Wo in meinem Leben gibt es Situationen, in denen ich diesen Zustand aus meinem Traum in irgendeiner vergleichbaren Weise erfahre? Spüren Sie dem Gefühl nach, das Sie in Ihrem Traum vom Fallen erlebt haben.

Manche Spitzensportler und Skispringer, die ihre Leistung und ihre Geschwindigkeit am Tage ständig weiter steigern, träumen nachts davon, zu fallen. So unglaublich es klingt: solche Träume helfen ihnen, am Tage ihr inneres Gleichgewicht zu stabilisieren und mehr Sicherheit zu gewinnen, weil sie ihre Ängste nachts im Traum ausleben.

Amerikanische Forscher konnten nachweisen, daß schwangere Frauen ihre Kinder leichter zur Welt bringen, wenn sie sich vorher in ihren Träumen mit der Angst vor dem Gebären auseinandergesetzt haben. Ähnliches gilt für Prüfungsängste: Wer vor Prüfungen öfter träumt, daß er durchfällt, erhöht seine Chancen, in der Prüfung selbst angstfrei handeln zu können. Denn er hat sich ja mit seinen Ängsten zuvor im Traum schon auseinandergesetzt.

Fliegen

Der Wunsch zu fliegen ist wahrscheinlich fast so alt wie die Menschheit selbst. Schon die griechische Mythologie erzählt davon: Ikarus befestigt mit Wachs Flügel an seinen Armen. Er fliegt – höher und höher. Doch er kommt der Sonne zu nahe. Das Wachs an seinen Flügeln schmilzt, und er stürzt ab.

Ein 35jähriger Mann träumt: »Ich konnte fliegen. Mein Flugzeug hob mühelos vom Boden ab. Ich sah, wie die Häuser und Bäume unter mir immer kleiner wurden. Schließlich verschwanden sie ganz. Um mich herum gab es nur noch Wolken. Bald sah ich auch sie nur noch weit unter mir. Doch dann schien die Luft um mich herum dünner zu werden. Sie trug mein Flugzeug nicht mehr so gut. Es sackte ab. Ich fiel in Luftlöcher und hatte Angst, abzustürzen. Mit Mühe gelang mir die Landung.«

Das Traumbeispiel gibt einen Ikarus-Traum wieder. Da ist einer, der vom Boden der Alltagswirklichkeit abhebt – ohne Probleme. Aber je höher er steigt, um so deutlicher zeigt ihm sein Traumbewußtsein die Grenzen: Der unendliche Höhenflug ist nicht dein Element. Ebenso brauchst du Bodenhaftung, die Erdschwere, um dein Leben sinnvoll leben zu können. Wer abhebt, kann abstürzen. Je größer die erreichte Höhe, um so schmerzhafter der Fall.

In dem folgenden Traum vom Fliegen spielt die Angst vor einem Absturz keine Rolle. Da herrscht bedingungsloses Vertrauen in die eigene Fähigkeit des Fliegens vor. Da ist alles selbstverständlich. Der Erfolg gerät keine Sekunde lang in den Strudel des Zweifels. Da wächst ein Mensch weit über sich selbst und seine Fähigkeiten hinaus, die ihm im Alltagsleben gegeben sind. Der eigenen Kreativität, der persönlichen Entfaltung scheinen keine Grenzen gesetzt. Alles ist möglich. Jedes Ziel ist erreichbar. Das Vertrauen in die eigenen Fähigkeiten trägt hier vollkommen.

Eine junge Frau berichtet: »In meinem Traum konnte ich fliegen. Das ging völlig selbstverständlich. Ich brauchte dazu kein Flugzeug und keine anderen technischen Hilfen. Ich breitete nur meine Arme aus und winkelte die Hände in einer ganz bestimmten Weise an. Schon schwebte ich durch die Räume meiner Wohnung. Ich sah mein Zimmer von der Decke aus. Dann flog ich zum Fenster hinaus. Die Stadt lag unter mir, die Straßen, der Fernsehturm. Ich flog immer höher. Das Ganze war völlig selbstverständlich, als ob es nie Zweifel gegeben hätte, daß ich und alle Menschen sich auf diese Weise fortbewegen können. Ich genoß dieses Gefühl unglaublicher Freiheit. Es war, als ob alle Last, alles Schwere, was mich zu Boden zieht, von mir abfiele. Es war, als ob die Naturgesetze nicht für mich gelten. Jede auch noch so entlegene Stelle auf dem ganzen Erdball war mir zugänglich. Der ganze Weltraum gehörte mir. So ähnlich, stelle ich mir vor, müßte sich Gott fühlen, wenn es ihn gibt.«

Sigmund Freud erklärte Flugträume als sexuelle Wunschvorstellungen. Das können sie sein. Aber sie sind es längst nicht immer. Das Gefühl des Fliegens und Schwebens zählt zum Rauscherleben, zu dem auch der Liebesrausch gehört. In unserem technischen Zeitalter ist das Fliegen zur alltäglichen Selbstverständlichkeit geworden. Dementsprechend hat sich die Traumaussage der Flugträume häufig geändert. Im Traum ist das Flugzeug auch Übermittler weitreichender Gedanken und Ideen. Fliegen im Traum deutet dementsprechend häufig auf persönliche Entfaltung, auf Kreativität und auf Freiheitsdrang hin.

Fliegen oder Schweben ohne Fluggerät kann bedeuten, daß sich der Träumende mit seinen Gedanken und Vorstellungen über die Realität hinaushebt. So entstehen oft neue Ideen. Wichtig ist, den Grund unter den Füßen nicht vollkommen zu verlieren. Jede Idee muß sich auf dem Boden harter Tatsachen überprüfen lassen, wenn sie nicht unverbindliche Phantasie bleiben soll.

Der Blick aus großer Höhe

Traumbeispiel

»Nach einer langen und streckenweise sehr mühevollen Bergwanderung erreiche ich den Gipfel eines Berges. Ich freue mich an der wunderbar klaren Aussicht über die weite Landschaft. Die Sonne scheint. Plötzlich spüre ich sehr intensiv, wie ihre Strahlen von oben nach unten warm und angenehm meinen ganzen Körper durchströmen und dann in den Boden unter mir fließen. Diese Erfahrung gibt mir viel Kraft. Ich erlebe nicht nur mit dem Verstand, sondern mit allen meinen Sinnen, daß es diese Kraft aus dem Kosmos ist, die mich mit dem Himmel und der Erde verbindet und mir Lebensenergie gibt. Der Eindruck dieses Erlebnisses wirkte noch lange Zeit nach dem Erwachen aus dem Traum in mir nach.«

Wer auf dem Gipfel eines hohen Berges steht, hat einen anderen Blickwinkel als von seiner gewohnten Umgebung aus. Das kann bedeuten, seine Probleme in anderem Licht als bisher zu sehen. Er gewinnt neue Erkenntnisse.

Die Gipfel hoher Berge waren früher heilige Orte. An ihnen traten die Menschen in Kontakt zu den Göttern. Tempel, Kirchen und Burgen baute man früher auf Bergen. Diese Lage hob die besondere Bedeutung solcher Gebäude hervor.

In Zeiten des inneren oder äußeren Umbruchs im Leben treten Gipfelträume häufig auf. In Situationen, wo wir in Gefahr sind, die Orientierung zu verlieren, lassen sie uns manchmal den Überblick zurückgewinnen und zeigen uns, welche Richtung wir einschlagen können.

Den hier wiedergegebenen Gipfeltraum habe ich vor etwa zehn Jahren selbst erlebt. Obwohl äußerlich an ihm keine ungewöhnliche Dramatik erkennbar ist, wirkte er auf mich ungewöhnlich stark. Er öffnete mir neue Kraftquellen. In meinen Meditationen suche ich von Zeit zu Zeit immer wieder diesen Ort auf und lasse die gleiche Kraft durch meinen Körper hindurchfließen, der ich damals im Traum zum erstenmal begegnet bin.

Noch Jahre nach diesem Traum habe ich das Gefühl, daß er mein ganzes Leben entscheidend verändert hat.

Unter Wasser sein

Traumbeispiel

Eine etwa 38jährige Frau träumt: »Ich sehe vor mir einen Teich. Die Sonne scheint. Ich ziehe mich aus und steige in das Wasser. Es ist angenehm warm. Ich fühle mich sehr erschöpft, aber ganz entspannt, schließe die Augen und lasse mich einfach sinken. Tief am Boden des Sees angekommen, ruhe ich mich eine Weile aus. Dann öffne ich die Augen. Neben mir sitzt ein Indianer. Er gibt mir ein Zeichen, daß ich ihm folgen soll. Ich schwimme hinter ihm her auf eine Öffnung zu. Diese Öffnung scheint zu einem unterirdischen Fluß zu führen. Der Fluß wird immer schmaler. Ich schwimme jetzt durch eine Röhre, deren Wände sich organisch anfühlen. Meine Bewegungen werden langsamer. Plötzlich geht es aufwärts. Wir tauchen aus einem schwarzen See auf. Die Ufer sind weit entfernt. Aber in der Nähe des Indianers fühle ich mich sicher, sie zu erreichen. Am Ufer angekommen, setze ich mich völlig erschöpft auf einen Stein. Der Indianer sagt zu mir: ›Warum wehrt ihr Weißen euch nur so sehr gegen eine Wiedergeburt. Sie geschieht doch jeden Tag.‹«

Ein Reinkarnationstraum? Ja und nein. Fast alle großen Religionen gehen davon aus, daß wir mehr als einmal geboren werden. Mehr als die Hälfte der Menschen auf der Erde hält es für sehr wahrscheinlich, nach ihrem Tod wieder neu auf die Welt zu kommen. Doch eine eindeutig belegbare Antwort auf diese Frage wird es voraussichtlich nie geben. Sicherlich spiegelt der Traum eine Art von Geburt wider. Mag sein, daß hier Erinnerungen an das eigene Geburtserleben auftauchen. Der Traum verarbeitet sie. Geburtsträume kommen verhältnismäßig oft vor. Häufig drücken sich in ihnen die Schwierigkeiten aus, mit denen die eigene Geburt tatsächlich verbunden war. In dem hier wiedergegebenen Traumbeispiel sind keine Komplikationen erkennbar. Das Schwimmen durch den immer enger werdenden Fluß geht problemlos vor sich.

Jeder Mensch wird mehrfach in seinem Leben neu geboren, denn jede einzelne Phase unseres Lebens verändert uns. Als Kind ist man nicht dieselbe Person wie als Heranwachsender. In den kraftvollsten Erwachsenenjahren gleicht man kaum dem Menschen, der man im Greisenalter ist. Und doch handelt es sich stets um ein und dieselbe Person. Sie verändert sich im Laufe eines langen Menschenlebens ungefähr so, wie sich eine Larve zur Puppe wandelt, aus der schließlich ein Schmetterling schlüpft.

An dem hier wiedergegebenen Traumbeispiel fällt dieser merkwürdige Zustand von Erschöpfung auf, von dem die Träumende zu Beginn ihres Traums erzählt. Am Schluß zeigt er sich noch einmal, als die Träumende nur unter Schwierigkeiten das Ufer erreicht. Diese Erschöpfung scheint für sie ein zentrales Lebensthema zu sein. Es ist, als ob ihr das Grundvertrauen zum Leben fehlte. Deshalb versinkt sie in ihrer Lebenswirklichkeit immer wieder in den Zustand von Depression und Kraftlosigkeit, aus dem sie sich nur schwer befreien kann.

Wasser gilt in der Traumsprache als Symbol für seelische Energie. So gibt der Traum vom entspannenden Bad im See der Träumenden neue Kraft in ihrer Erschöpfung. Noch stützt sie sich auf einen Traumhelfer, den Indianer. Solche Helfer wissen oft mehr über uns, als wir selbst in unserem Wachzustand. Es sind die gleichen Helfer, die wir aus den alten Volksmärchen kennen. Dort wissen sie meist Rat, wenn der Märchenheld am tiefsten Punkt seiner Verzweiflung angekommen ist. Wahrscheinlich wird der Indianer der Träumenden noch öfter in gleicher oder ähnlicher Gestalt begegnen. Irgendwann wird sie genug Kraft in ihren Träumen gesammelt haben, ihren Weg allein weiterzugehen, selbständig und mit viel Vertrauen.

Übrigens ist das Atmen unter Wasser im Traum fast niemals ein Problem. Wenn wir uns im Traum unter Wasser aufhalten, dann sind wir Wasserwesen. Wir bewegen uns in einer frühkindlichen Lebensphase lange vor unserer Geburt, als das Wasser noch unser Lebenselement im Mutterleib war.

Durch eine Höhle oder einen Tunnel gehen

Seit uralter Zeit dienen Höhlen als Wohnungen und Zuflucht-stätten für den Menschen. Hier findet er Schutz. Der Mutterleib ist ebenfalls eine Höhle, in deren Schutz neues Leben heran-wächst. Als Traumsymbol hat die Höhle daher oft die Bedeutung von Mütterlichkeit, Weiblichkeit und Geborgenheit. Auch die weibliche Sexualität kann gemeint sein, denn die Scheide ist ja ebenfalls eine Höhle.

Wirkt die Höhle einladend und behaglich, kann das ein Hinweis auf Unsicherheit, Lebensangst, Schutzbedürfnis und Mutterbin-dung sein. Erscheint sie gefährlich, deutet das auf Partner-schaftsprobleme oder Schwierigkeiten in der Beziehung des Be-treffenden zu den Menschen in seiner Umgebung hin.

Höhle und Tunnel stehen in der Sprache unserer Träume symbo-lisch für das Eingeschlossen- und Abgetrenntsein. Oft drückt sich so das Gefühl von Einsamkeit aus, wie wir es vielleicht erleben, wenn wir allein in einer uns unbekannten Landschaft in einem fremden Land unterwegs sind. Solche Traumbilder treten in Le-benssituationen auf, in denen wir einen Schritt gehen müssen, ohne zu wissen, wohin er uns führt. Wir spüren Angst und Unsi-cherheit angesichts dieser neuen Situation, aus der es kein Zurück mehr gibt. Bilder vom Durchschreiten eines Tunnels er-leben Menschen angesichts des Todes, ebenso aber in allen ande-ren tiefgreifenden Veränderungssituationen ihres Lebens.

Traumbeispiel

Ein 17jähriger Junge träumt: »Ich gehe durch einen dunk-len Tunnel, durch den Eisenbahnschienen führen. Plötzlich kommt mir ein Zug entgegen. Die Lichter der Lokomotive rücken immer näher. Ich überlege noch, ob ich mich auf den Bo-den werfen oder mich an die Wand drücken soll, da erreicht mich der Zug. Ich erwache völlig in Panik.«

In seinem realen Leben hat dieser junge Mann Durchsetzungsprobleme gegenüber seinen als übermächtig empfundenen Eltern. Sie mischen sich zu stark in seine Lebensentscheidungen ein und geben ihm nicht den für seine Entwicklung nötigen Freiraum. In dem Traum zeigt sich in der herannahenden Lokomotive ein Element von aggressiver Kraft, aber auch von Starrheit. Denn in der Tunnelsituation gibt es gegenüber dem auf seinen Schienenkurs festgelegten Fahrzeug kaum Ausweichmöglichkeiten.

Hausträume

Das Haus steht in der Sprache unserer Träume fast immer für die Person des Träumenden. Entsprechend informieren die einzelnen Räume über die unterschiedlichen seelischen Bereiche. Der Keller ist der Ort des Unbewußten. Die Küche symbolisiert den Bereich des Weiblich-Mütterlichen. Sie gilt auch als Ort der Informationsverarbeitung. Das Schlafzimmer ist der Ort des Sexuallebens. Die Wohn- und Arbeitsräume deuten auf seelische Alltagssituationen hin. Die Räume in den oberen Stockwerken, die den weitesten Ausblick bieten, symbolisieren die Bereiche der Verstandestätigkeit. Der Dachboden ist der Ort, an dem wir vergessene oder verdrängte Probleme lagern.

Traumbeispiel

Ein junger Mann träumt von einem Haus, das sich plötzlich zur Seite neigt und umkippt, ohne dabei beschädigt zu werden.

Dieser Traum meint mit dem Bild des Hauses offensichtlich die gesamte Persönlichkeit des Träumenden, körperlich und psychisch. Einige Tage später erkrankte der Mann an einer fieberhaften Grippe, die ihn im wörtlichen Sinne umwarf.

Ein Haus einrichten

Eine Frau, 30 bis 40 Jahre alt, träumt: »Ich bin in einem Haus, das mir fremd und doch wieder recht bekannt vorkommt. Chaos herrscht um mich. Schränke und Einrichtungsgegenstände stehen überall herum. Es sieht aus, als ob das Haus renoviert werden soll.

Dann schaffe ich zusammen mit einigen Helfern alle Sachen aus dem Haus und richte es vollkommen neu ein. Die vorher dunklen Möbel sind jetzt durch helle ersetzt. Auch die Teppiche wirken hell und freundlich. An den Wänden hängen Bilder in leuchtenden Farben. Die Bilder, die ich dort vorher sah, waren in düsteren Farben gehalten und hatten schwere Rahmen.«

Das Einrichten eines Hauses im Traum deutet auf ein Umorganisieren der gesamten Persönlichkeit das Betreffenden hin. Das Chaos, das in dem Traumbeispiel zunächst herrscht, ist typisch für solche grundlegenden Zustände psychischer Neuorientie-

rung. Aus diesem psychischen Chaos wächst eine neue, tragfähige Ordnung.

Im Gespräch in der Gruppe fragte jemand die Träumende, woran die dunklen Möbel sie erinnerten. Ohne langes Zögern kam die Antwort: »Es sind die Möbel im Hause meiner Eltern. Mit ihnen verbinde ich viele dunkle Erinnerungen an meine Kindheit. Diese möchte ich jetzt ablegen. Deshalb richte ich mein Traumhaus vollkommen neu ein. Was dabei herauskommen wird, weiß ich jetzt noch nicht. Aber ich werde mich am Ende wohler fühlen als bisher. Da bin ich mir ganz sicher.«

In einer Kirche

Traumbeispiel

Eine Frau, etwa 40 Jahre alt, träumt: »Ich gehe durch eine wunderschöne Landschaft. Zwischen Wiesen und Feldern führt mein Weg an einem Kirchlein vorbei. Ich gehe hinein und setze mich in eine Bankreihe. Nach einer Weile bemerke ich, daß sich eine vermummte Gestalt neben mich setzt. Sie trägt eine Mönchskutte und hat die Kapuze über den Kopf gezogen. Ich spüre, es ist der Tod, der sich neben mich gesetzt hat. Zuerst bekomme ich einen Schrecken. Aber dann beruhigt mich die Gewißheit eher, daß er mich von jetzt an überall auf meinem Weg begleiten wird.«

Träume, in denen Kirchen eine Rolle spielen, sind Hilfen, sich mit dem Sinn unseres Lebens auseinanderzusetzen. Sie treten meist erst ab der Lebensmitte auf. Gerade bei Menschen, die keine feste religiöse Bindung haben, geben sie Anstöße, sich mit Fragen nach dem Sinn des Daseins auseinanderzusetzen.

Als sie diesen Traum erlebte, befand sich die Träumende in einer tiefen persönlichen Krise. Eines ihrer Kinder war kurze Zeit zuvor gestorben, ein Anlaß, sich mit dem eigenen Tod auseinanderzusetzen, ihn als ihren ständigen Begleiter durch das ganze Leben hindurch anzunehmen.

Eine Treppe hinauf- oder hinabsteigen

Wer im Traum eine Treppe hinaufsteigt, beginnt mit einer aufwärts gerichteten Entwicklung, oder er hat zumindest den Wunsch nach einer solchen. Er ergreift die Initiative, einen Schritt nach dem anderen zu gehen. Dabei kann es sich um anstehende berufliche, aber auch um persönliche Entwicklungsschritte handeln.

Traumbeispiel

Ein junger Mann steigt im Traum eine Treppe hinauf. Doch unter ihm brechen die Treppenstufen weg, sobald er sie betritt. Mit Mühe gelingt es ihm, sich am Treppengeländer festzuhalten und so ein Abstürzen zu verhindern.

In seinem realen Leben hat dieser Mann berufliche Probleme. Er bewirbt sich immer wieder um Stellen, für die er offenbar nicht geeignet ist. Jedenfalls zieht man ihm stets andere Bewerber vor. Er reagiert in seiner Verärgerung so, daß er sich kaum noch für seine Arbeit engagiert. Daraufhin kündigt man ihm.

Führt der Weg im Traum eine Treppe abwärts, so ist damit meist ein sozialer oder gesellschaftlicher Abstieg gemeint. Der Abstieg in einen Keller kann aber auch das Aufsuchen des Unbewußten bedeuten. Dort gibt es manchmal interessante Dinge zu entdecken, die wir mit unserem Wachbewußtsein im Alltag nicht wahrnehmen. Der Traum gibt uns in solchen Fällen den Hinweis: Schau genau hin! Auch das bist du, mit allen deinen Ängsten und Zweifeln und unterirdisch versteckten Gefühlen und Erlebnissen!

Unbekannte Räume entdecken

Entdeckt man im Traum unbekannte Räume, so treten neue Seiten unserer Persönlichkeit in Erscheinung, die man bisher nicht kannte oder nicht beachtet hat. Dabei kann es sich um Begabungen handeln, die in uns schlummern, ebenso aber um Gefühle oder Gedanken, die sich in uns melden und entfaltet werden wollen.

Traumbeispiel

Eine Frau, 49 Jahre alt, geht in ihrem Traum durch die Räume eines Landhauses. Als sie eigentlich schon alle Räume besichtigt hat, findet sie in einem versteckten Abstellraum eine verstaubte, von Spinnweben umhüllte Holztruhe. An der Tür zu dieser dunklen Kammer muß sie schon mehrfach vorbeigegangen sein, ohne sie zu entdecken. Sie öffnet die Truhe und stößt darin auf wunderschön bemaltes Keramikgeschirr.

Im Gespräch über diesen Traum stellt sich heraus, daß die Frau mit ihrer augenblicklichen Lebenssituation unzufrieden ist. Ihr Mann verreist aus beruflichen Gründen oft. Die Kinder sind erwachsen und aus dem Haus. An ihren alten Beruf hat sie den Anschluß verloren und es besteht kaum Aussicht, ihn wiederzugewinnen. Den Traum begreift sie als Hinweis, sich neu auf ihre Töpferkunst zu besinnen. Als junge Frau hat sie dieses Hobby intensiv und mit bemerkenswertem Erfolg ausgeübt. Doch als die Kinder kamen, standen andere Dinge im Vordergrund. Aufgrund ihres Traumes beginnt sie wieder mit ihren Tonarbeiten, gestaltet mehrere Ausstellungen und verkauft ihre Arbeiten mit beachtlichem Erfolg.

Baden, Duschen

Ähnlich wie in der Realität, steht Baden auch in der Traumsprache für Reinigung, Erfrischung und Erneuerung. Diese symbolische Bedeutung kommt schon in den Jahrtausende alten Reinigungsritualen vieler Religionen zum Ausdruck – bis hin zur Taufe im Christentum.

Träume vom Baden treten häufig vor entscheidenden Wendungen im Leben des Träumenden auf. Das Wasser im Traumbad ist kein gewöhnliches Wasser, sondern symbolisiert seelische Energie. Baden oder Duschen im Traum läßt sich als seelische Wandlung und Reinigung verstehen.

Eine neue Frisur

Verändert jemand im Traum seine Frisur völlig, deutet das auf eine Veränderung des Bildes hin, das der Träumende von sich selbst hat. Langes Haar hat oft erotische Ausdrucksfähigkeit. Träumt eine Frau, die ihr Haar kurz trägt, von einer neuen Frisur mit langem, wallendem Haar, so gibt sie vielleicht der Sinnlichkeit in ihrem Leben einen neuen Stellenwert. Schneidet sich eine Frau mit langem Haar im Traum ihre Haare ab, so kann es sein, daß sie sich in ihrem Leben stärker auf Beruf und Karriere konzentrieren will.

Hüte, Kopfbedeckungen

Ähnlich wie die Kleidung, deutet auch die Kopfbedeckung, die jemand im Traum trägt, auf die Rolle hin, die er im Leben spielen möchte. Ein neuer Hut im Traum kann auf den Wunsch des Träumenden hinweisen, im realen Leben eine neue Rolle zu spielen. Manchmal drücken sich berufliche Veränderungswünsche in diesem Symbol aus. Das Barett des Richters, die Mütze des Polizisten, der Soldatenhelm, die Bäckermütze – sie alle haben als Zeichen beruflicher Zugehörigkeit entsprechende Bedeutung.

Da man Hüte auf dem Kopf trägt, besteht manchmal eine symbolische Beziehung zum Intellekt. Ist der Hut im Traum auffallend groß, zeigt das, wie wichtig dem Betreffenden die neue Rolle ist, die er im Leben spielen möchte.

Einkaufen

Einkaufen deutet in der Traumsprache meist auf das Auswählen und Sichten neuer Möglichkeiten hin. Für die genauere Deutung kommt es bei Einkaufsträumen auf die Umstände an, unter denen der Einkauf erfolgt, und auf die Art der Ware, die der Träumende kaufen möchte. Wer im Traum Brot kauft, erhält so Aufschlüsse über sein Bedürfnis nach seelischer Nahrung und Stärkung. Der Kauf einer Zeitung kann auf das Bedürfnis des Träumenden nach mehr Weltoffenheit und Information hindeuten. Kaufen Sie im Traum zu teure Kleidung, so könnte das ein Hinweis auf notwendige Einschränkungen sein.

Aufschlüsse gibt meist auch der Ort, an dem der Einkauf erfolgt. Ein Tante-Emma-Laden weist auf eine andere emotionale Qualität hin als ein Supermarkt. Berät Sie jemand bei Ihrem Einkauf? Oder fühlen Sie sich mit Ihren Entscheidungen hilflos alleingelassen? Will jemand Ihnen etwas aufschwatzen? Ist der Gegenstand, den Sie kaufen wollen, mit Fehlern behaftet? – Aus all diesen Umständen läßt sich die Botschaft entschlüsseln, die der Traum für Sie bereithält.

> Mit dem Träumedeuten ist es wie mit einem Puzzlespiel: Je mehr Übung Sie im Zusammensetzen der einzelnen Teile gewinnen, um so leichter erschließt sich die Botschaft Ihrer Träume.

Gehetzt und gejagt sein

Traumbeispiel

Eine junge Frau, die öfter als Bedienung in einem Restaurant gearbeitet hat, erlebt einen Traum, in dem ihr altes berufliches Umfeld Ort der Handlung ist: »Leute drängen sich im Raum und warten auf einen freien Tisch. Die Gäste, die an den Tischen sitzen, warten ungeduldig auf ihr Essen. Andere sind fertig und beschweren sich, das Essen sei minderwertig gewesen. Wieder andere rufen ungeduldig nach der Rechnung. Aus der Küche kommen verärgerte Reaktionen, weil das Essen zu lange in der Durchreiche steht und dann nicht heiß auf den Tisch kommt. Der Geschäftsleiter schimpft laut, das Bedienungspersonal ruiniere absichtlich das Geschäft und wolle die Gäste vertreiben. Eigentlich hätten viel mehr Bedienungskolleginnen da sein müssen. Aber sie sind nicht gekommen.«

Die Träumende sieht sich in all diesem Chaos nur noch hektisch hin- und herrennen. Obwohl sie immer schneller und schneller läuft, schafft sie es immer weniger, die anstehenden Aufgaben zu bewältigen. Sie erwacht schweißgebadet und mit Herzklopfen, liegt stundenlang wach und kann sich kaum wieder beruhigen.

Wer kennt solche Träume nicht, in denen der Träumende den Anforderungen, die von allen Seiten auf ihn einprasseln, einfach nicht gerecht werden kann. Meist spiegeln diese Träume bestimmte Situationen aus unserem realen Leben wider. Geraten wir beruflich unter Streß? Oder ist es die Familie, die uns nervt? Jedenfalls lohnt es sich, hinzuschauen und Veränderungen ins Auge zu fassen. Denn auf die Dauer sind solche Streßsituationen, wie die im Traum beschriebene, gesundheitsschädlich, lebensfeindlich und schwer zu ertragen.

Treten solche Streßträume gehäuft auf, so empfiehlt es sich für den Träumenden, sich selbst ernsthaft zu fragen, ob er grundsätzlich die Neigung hat, sich in seinem Leben zu überfordern. Da in unserer Gesellschaft harter und aufopfernder Arbeitseinsatz belohnt wird, stellt sich auch die Frage, ob der Träumende auf diese Weise Anerkennung erreichen will. Auf die Dauer gesehen wird ihm niemand seine Märtyrerrolle danken, in die er geschlüpft ist. Er fügt sich nur selbst Schaden zu.

Jemanden ermorden

Erlebt man sich selbst im Traum als Mörder, so spiegeln sich auf diese Weise feindselige, aggressive Gefühle wider. Manchmal richten sie sich gegen uns selbst oder gegen Teile unserer eigenen Persönlichkeit. Oft aber sind es Menschen aus unserer Umgebung, gegen die sich unsere nicht eingestandene Aggression richtet. Im Traum meldet sie sich gerade dann, wenn wir sie in der Wirklichkeit nicht so recht ausleben können, weil wir damit ein Tabu verletzen würden – zum Beispiel, wenn wir auf unseren Chef wütend sind. Manchmal muß im Traum eine uns unbekannte Person als Opfer herhalten. Unser Traum stattet sie dann mit ähnlichen Charaktermerkmalen aus oder sogar mit äußerlichen Ähnlichkeiten mit der Person, gegen die sich unsere Aggression eigentlich richtet.

Traumbeispiel

Ein junger Mann tötet im Traum einen älteren, untersetzt wirkenden »Räuber« mit grauem Bart.

Im Gespräch in der Gruppe äußert der Träumende zunächst seine eigene Überraschung über seine unerwartete Aggression. Er sagt, in Wirklichkeit sei er eher ein Mensch, der jede Gewalt verabscheue und kaum zu einem Mord fähig wäre.

Auf die Frage, ob ihn der »Räuber« an irgend jemanden aus seinem Bekanntenkreis erinnere, meint der junge Mann: ja, sein Vater trage solch einen grauen Seemannnsbart. Es gäbe zwar öfter Spannungen und Meinungsverschiedenheiten mit ihm, aber er »dächte nicht im Traum daran«, seinen Vater umzubringen. Sein Traum sieht das anders. Er gestattet ihm, seinen Vater zu töten. Und in der Tat muß ja jeder Sohn seinen Vater überwinden, wenn er sich zu einer eigenständigen Persönlichkeit entwickeln will. Dieser Ablösungsprozeß vollzieht sich gewöhnlich gewaltlos, ohne daß einer dabei das Leben des anderen gefährdet.

Daß der Träumende, wie er selbst erklärt, ein eher sanftmütiger Mensch ist, kann ein Hinweis auf die von seiner Seite her fehlende Aggressivität in der Auseinandersetzung mit seinem Vater sein.

Tote begraben

Träume von Begräbnissen kommen verhältnismäßig oft vor. Sie haben nicht unbedingt etwas mit dem Tod einer realen Person zu tun. Oft werden im Traum Streitigkeiten begraben, unerfüllbare Wünsche, lästige Gewohnheiten, aber auch schmerzliche Erlebnisse. Auch die Beziehungen zu einem bestimmten Menschen oder besondere Fähigkeiten und Begabungen können absterben und im Traum begraben werden. An die Stelle dessen, was begraben wird, tritt häufig etwas Neues. So haben Traumbilder vom Beerdigen im allgemeinen eher eine positive Bedeutung, obwohl sie uns zunächst erschrecken.

Traumbeispiel

Ein Mann um die 40 träumt: »Vor meiner Haustür liegt ein Landstreicher im Laub. Er ist tot. Ich werde ihn begraben müssen.«

Im Gespräch über diesen Traum ergibt sich, daß der Mann das Gefühl hat, von seinen unruhigen »Wanderjahren« Abschied nehmen zu müssen. In seiner beruflich erfolgreichen Position fühlt er sich in allerlei »Zivilisationszwänge« eingebunden, die sich für ihn nur schwer mit seinem in jungen Jahren bevorzugt gelebten »Nomadendasein« in Einklang bringen lassen.

Ein zusätzlicher Hinweis auf die Problematik des Älterwerdens, mit der sich der Träumende in diesem Traum auseinandersetzt, liegt in dem Herbstlaub, das die Leiche des Landstreichers umgibt.

Träume aus dem Intimbereich

Schlafzimmerträume

Spielt im Traum das Schlafzimmer eine Rolle, so geht es darin meist um das Sexualleben des Träumenden.

Um die Bedeutung solcher Träume zu erfahren, ist es hilfreich, auf Einzelheiten zu achten, die der Traum mitteilt. Wie war das Schlafzimmer eingerichtet? Erinnerte Sie die Einrichtung an Ihre Eltern, könnten Sie weiter fragen, wie Sie deren Sexualität einschätzen. Finden Sie sich im Traum in Ihrem früheren Kinderbett wieder, so stellt sich die Frage, ob Sie Ihre Beziehung auf erwachsene Weise gestalten. Vielleicht sind da noch irgendwelche kindlichen Glückserwartungen im Spiel.

Wichtig ist auch die Frage: Wie fühlten Sie sich in Ihrem Schlafzimmertraum? Erlebten Sie leidenschaftliche, angenehme, liebevoll-zärtliche Gefühle, oder fühlten Sie sich unwohl und frostig? Entdecken Sie zwischen Ihren Empfindungen im Traum und der Realität einen Zusammenhang?

Traumbeispiel

Eine junge Lehrerin träumt kurze Zeit, nachdem sie geheiratet hat: »Mein Chef kommt mit seiner Frau zu Besuch in unsere Wohnung. Seine Frau hängt in unserem Schlafzimmer Gardinen auf.«

Der jungen Frau ist es offenbar ihrem Chef gegenüber peinlich, daß sie ein Sexualleben hat, als dessen Konsequenz sich eine Schwangerschaft mit längeren dienstlichen Ausfallzeiten einstellen könnte. Von der Frau ihres Chefs erwartet die Träumende offenbar mehr Verständnis, da sie selbst Mutter mehrerer Kinder ist. Das Aufhängen von Gardinen soll vor Einblick von außen in das Intimleben der Träumenden schützen.

Sich beim Liebesspiel beobachtet fühlen

Erleben Sie im Traum, daß Ihnen jemand beim Liebesspiel zuschaut, kann das ein Hinweis darauf sein, daß Sie sich selbst zu kritisch beobachten. Möglicherweise beschäftigt Sie aber auch die Frage, was andere Leute über Ihr Intimleben denken könnten.

Traumbeispiel

Eine junge Frau träumt: »Ich liege mit meinem Partner im Bett, und wir lieben uns gerade leidenschaftlich. Plötzlich stehen meine Eltern im Zimmer. Ich weiß nicht, wie sie hereingekommen sind. Ich habe keine Haustürklingel gehört und ihren Besuch auch nicht erwartet. Mir ist die Situation peinlich. Aber meine Eltern scheinen sich überhaupt nicht daran zu stören.«

Offenbar will dieser Traum darauf hinweisen, daß das Intimleben eine höchst persönliche Angelegenheit ist, die außer ihren Partner niemand anderen etwas angeht, auch ihre Eltern nicht. Möglicherweise zerbricht sich die Träumende unnötigerweise den Kopf darüber, was andere wohl über ihr Liebesleben denken.

Nackt in der Öffentlichkeit

Der Traum, in der Öffentlichkeit nackt oder nur teilweise bekleidet zu sein, kommt ziemlich häufig vor. Meist steckt hinter solchen Traumbildern das Gefühl, im wachen Leben in irgendeiner Weise bloßgestellt zu werden. Die Gründe, warum sich der Träumende so besonders ungeschützt und damit verwundbar fühlt, können in der Lebenssituation liegen. Oft spielt dabei aber auch die Persönlichkeitsstruktur des Betreffenden selbst eine Rolle, z. B. daß er leicht verletzbar ist.

Traumbeispiel

Eine Frau, die lange Zeit allein gelebt hat, träumt: »Ich sitze in einem Café. Als ich an mir herunterschaue, stelle ich plötzlich fest, daß ich splitternackt bin. Die Leute starren mich an. Ich fühle mich sehr unwohl, weil alle sehen können, daß mein Hintern zu dick und mein Busen zu klein ist.«

Diese Frau hat nach langer Zeit des Alleinlebens gerade eine neue Partnerschaft aufgenommen. Offenbar muß sie sich ihrem Partner gegenüber erst wieder an das Gefühl gewöhnen, körperlich völlig ungeschützt und nackt zu sein. Er könnte ihr in dieser Situation helfen, indem er zum Ausdruck bringt, daß er ihren Körper attraktiv findet. Vielleicht sieht sie aber auch selbst ihren Körper mit zu kritischen Augen. Der Schönheitskult der modernen Werbung führt manchmal zu Minderwertigkeitsgefühlen, wenn man den eigenen Körper mit dem scheinbar makellosen mancher Stars vergleicht. Aber die Schönheitsideale wechseln. Körperformen, die heute als zu üppig gelten, sieht der Trend von morgen als zu mager an. Der Zeitgeschmack ändert sich unkalkulierbar und mit rasender Geschwindigkeit. Was nutzt es also, sich von Modemaßstäben abhängig zu machen?

Eine Prostituierte sein

Der Traum, eine Prostituierte zu sein, spiegelt im allgemeinen wider, daß jemand sich im realen Leben entwürdigt fühlt. Man nimmt diese Entwürdigung aber hin, weil man dafür reichlich Geld bekommt oder damit die Erwartungen anderer Menschen erfüllt.

Bei der Deutung solcher Träume lohnt es sich zu fragen: Wo gibt es in meinem Leben einen Bereich, in dem ich mich unter meinem wahren Wert »gehandelt« oder mich benutzt fühle? Möglicherweise nehmen Sie diese Situation hin, weil die finanzielle Seite stimmt. Ihre persönlichen Wertvorstellungen entscheiden darüber, ob dies für Sie auf Dauer tragbar ist oder Änderungen angestrebt werden müssen.

Toilettenträume

Traumbeispiel

Eine etwa 35jährige Frau träumt: »Ich sitze auf einer Toilette. Riesige Mengen Kot kommen aus mir heraus. Ich habe Angst, das Klo könnte verstopfen.«

Unser Körper kann nicht überleben, wenn er nicht die Möglichkeit hat, sich regelmäßig von alten Giftstoffen und Schlacken zu entlasten. Dasselbe gilt für unsere Seele. Auch sie braucht die Entlastung von emotionalen Altlasten und Ängsten, die sich im Laufe der Zeit in uns angesammelt haben.

Träume von Toiletten und Fäkalien kommen ziemlich häufig vor. Und weil die Sprache unserer Träume recht deftig und derbdirekt ist, sagt sie uns mit solchen Bildern unverblümt, was wir in unserem Leben alles als »beschissen« empfinden.

Im Leben der Frau, die den hier wiedergegebenen Traum erlebt, hat sich tatsächlich ziemlich viel »seelischer Abfall« angesammelt. Aber das eigentliche Problem liegt darin, daß sich über Jahre hinweg niemand fand, mit dem sie über ihre Sorgen und Nöte hätte sprechen und sich auf diese Weise entlasten können. Erst durch ihren Traum erkennt sie die dringende Notwendigkeit einer »psychischen Müllabfuhr«.

Träume von Begegnungen mit anderen Menschen

Alte Bekannte wiedersehen

In der Traumsprache verkörpern alte Bekannte meist bestimmte Eigenschaften unserer selbst, die aus unserem Blickfeld geraten sind. Im Traum treffen wir sie wieder. Um genauer herauszufinden, was diese alten Bekannten für uns bedeuten, lohnt es sich, folgende Fragen zu stellen: An wen oder an welche Situation in meinem Leben erinnert mich dieser alte Bekannte aus meinem Traum? Versuchen Sie, ohne lange zu überlegen, die Bekannten aus Ihrem Traum mit drei Stichworten zu beschreiben! An wen in Ihrem Leben erinnern Sie diese drei Eigenschaften?

Traumbeispiel

Eine Frau träumt von einem alten Bekannten, den sie ungefähr 20 Jahre lang nicht mehr gesehen hat. In ihrem Traum steht er plötzlich vor ihrer Tür, um sie zu besuchen. Sie ist sehr überrascht, freut sich aber über seinen Besuch.

Den Mann kennt sie von ihrer gemeinsamen Studienzeit her. Er hatte sein Studium sehr erfolgreich abgeschlossen. Sie waren ein gutes Arbeitsteam gewesen. Er hatte damals versucht, mit ihr auch persönlich engere Beziehungen aufzunehmen. Doch sie wollte sich in der Prüfungszeit ausschließlich auf ihre Arbeit konzentrieren. Dabei ist es in ihrem Leben geblieben. Sie hat ihre ganze Kraft in ihre wissenschaftliche Laufbahn investiert. Jetzt, nach 20 Jahren erfolgreichen Berufslebens, beginnt sie sich aufgrund dieses Traums zu fragen: War das schon alles, was das Leben zu bieten hat? Ich habe beruflichen Erfolg erlebt, aber nur noch wenige Freunde. Im Grunde bin ich ein einsamer Mensch geworden. Sie beschließt, in ihrer Freizeit mehr Veranstaltungen zu besuchen, die ihr neue freundschaftliche Kontakte ermöglichen.

Wenn Nahestehende im Traum sterben

Einen nahestehenden Menschen zu verlieren, ist stets eine schwierige und schmerzhafte Angelegenheit. Und Träume, in denen ein Mensch stirbt, den wir lieben, gehören zu den erschreckendsten überhaupt. Doch solche Träume sind keine prophetischen. Sie kündigen nicht den biologischen Tod eines Menschen an, sondern das Bild vom Sterben ist hier in übertragenem Sinne gemeint. Der Traum spiegelt unsere Angst wider, die Beziehung zu diesem uns nahestehenden Menschen könnte erlöschen.

Traumbeispiel

Die Mutter einer erwachsenen Tochter träumt, ihre Tochter stürbe. Sie erlebt diesen Traum kurze Zeit vor der Hochzeit der Tochter und befürchtet, ihr könne tatsächlich etwas zustoßen.

Die Tochter erfreut sich bester Gesundheit, was auch Jahre nach ihrer Heirat so bleibt. Aber sie zieht in eine andere Stadt und sieht daher ihre Mutter, mit der sie sich gut versteht, nur noch selten. Genau diese Befürchtung, sie könne ihre Tochter verlieren, drückt sich in dem Traum der Mutter aus: ein Traum vom Loslassen also, keiner vom Sterben.

Träume von längst Verstorbenen

Unsere Träume benutzen Bilder von längst Verstorbenen, wenn sie uns an persönliche Eigenschaften oder Begabungen erinnern wollen, die in uns abgestorben sind oder abzusterben drohen.

Traumbeispiel

Eine Frau träumt von ihrer Katze, an der sie sehr gehangen hat. Diese Katze ist vor rund fünf Jahren gestorben.

Diese Frau stellt sich im Anschluß an ihren Traum die Frage: Welche gefühlsmäßigen Qualitäten fallen mir ein, wenn ich an diese Katze denke? Ohne Zögern besinnt sie sich auf drei Eigenschaften dieses Tiers: Zärtlichkeit, Verschmustheit, Freiheitsliebe. Genau das sind die emotionalen Qualitäten, die ihr in ihrem Leben fehlen, die also zu sterben drohen. Die Frau selbst legt viel Wert auf ihre Unabhängigkeit. Deshalb ist sie nicht ohne weiteres bereit, sich nach dem Scheitern einer langjährigen Partnerbeziehung auf eine neue einzulassen. Andererseits fehlen ihr Zärtlichkeit, Erotik und Sexualität.

Träume von berühmten Leuten

Traumbeispiel

Ein etwa 45jähriger Mann träumt in Abständen von mehreren Monaten wiederholt davon, mit weltberühmten Politikern zusammenzutreffen und mit ihnen zu sprechen. Diese Gespräche finden in einer zwanglosen Atmosphäre statt. Der Umgangston ist locker, anerkennend und fast kameradschaftlich.

Träume vom Zusammentreffen mit Berühmtheiten aller möglichen Art kommen in zwei unterschiedlichen Bedeutungen vor: Die eine Bedeutung dient dem Zweck, unser eigenes Selbstwertgefühl zu stärken. Sie findet sich meist bei Menschen, deren Gefühl für ihren eigenen Wert zu gering entwickelt ist. Oft fühlen sie sich nicht genügend anerkannt. Geht man in ihrem Leben weiter zurück, so zeigt sich meist, daß sie von ihren Eltern oder zumindest einem Elternteil viel kritisiert oder herabgesetzt worden sind. Dabei leisten sie häufig sehr viel, hätten also allen Grund, auf sich stolz zu sein. Ihr Traum erfüllt ihnen den Wunsch nach mehr Anerkennung.

Die zweite Deutungsmöglichkeit ist folgende: Die berühmte Persönlichkeit aus dem Traum verkörpert eine Eigenschaft des Träumenden selbst, die er verstärken und ins rechte Licht rücken sollte. Berühmtheiten stehen im Blickfeld aller. Gerade daran läßt sich ja ihre Berühmtheit ablesen.

Ob diese zweite Deutung zutrifft, können Sie herausfinden, indem Sie sich fragen: Welche Eigenschaft verkörpert die berühmte Persönlichkeit aus meinem Traum für mich? Die Antwort, die Ihnen spontan dazu einfällt, ist meist die richtige. Natürlich verkörpern die Berühmtheiten solche Eigenschaften in viel stärkerem Maß, als sie bei Ihnen in Erscheinung tritt. Doch Träume übertreiben manchmal, damit wir ihre Botschaft deutlicher erkennen.

Die Polizei greift ein

Traumbeispiel

Ein junger Mann träumt: »Die Polizei hält mich mit meinem Wagen an, um meine Papiere zu kontrollieren. Ich habe Angst, irgendeiner kriminellen Handlung beschuldigt zu werden, obwohl ich keine begangen habe.«

Träume von der Polizei sagen uns oft wichtige Dinge über unser Verhältnis zur Autorität. In dem hier wiedergegebenen Beispiel fürchtet sich der Träumende vor einer beruflichen Überprüfung durch seinen Chef. Eigentlich gehören solche Überprüfungen zu den Routineangelegenheiten, die jeden Mitarbeiter treffen. Und er hat seine Arbeit sorgfältig erledigt, so daß er die Überprüfung nicht fürchten muß. Dennoch bleibt dieses Unbehagen.

Im Gespräch in der Gruppe über diesen Traum ergab sich, daß der junge Mann in seiner Kindheit sehr unter den strengen Erziehungsmethoden seines Vaters gelitten hat. Auf diese Weise hat sich in ihm das unterschwellige Gefühl entwickelt, immer auf der Hut sein und ständig ein schlechtes Gewissen haben zu müssen. Seinem Vater hat er nämlich niemals alles recht machen können.

Allein das Bewußtwerden, welche alteingefahrenen Mechanismen da aus der Kindheit bis ins Erwachsenenalter hineinreichen, wirkt meist heilsam. Es gibt keinen Grund, warum dieser Mann jemandem erlauben sollte, die Elternrolle in seinem Leben weiterzuspielen.

Ein alter Mann/eine alte Frau im Traum

Traumbeispiel

Eine etwa 40 Jahre alte Frau erzählt folgenden Traum: »Ich stehe an einem Fluß. Ich möchte hinüber auf die andere Seite des Flusses, kann aber nicht allein laufen. Mit meinen Beinen stimmt etwas nicht. Es ist, als ob sie krank oder verletzt seien.

Ein alter Indianer kommt auf mich zu. Ich frage ihn, ob er mich über den Fluß tragen kann. Er lehnt das ab und sagt: ›Wenn du nicht gehen kannst, dann mußt du durch den Fluß kriechen.‹ Er deutet mit der Hand auf ein Indianerdorf auf der anderen Seite des Flusses.

Ich krieche durch den Fluß und finde das nach einiger Zeit richtig schön. Die Sonne scheint von oben auf mich, das Wasser ist kühl und klar, und die runden Steine unter meinen Händen fühlen sich angenehm fest an. Ich lasse mir Zeit. Ich weiß, daß ich den Weg alleine bewältigen kann.«

Diese Frau befindet sich mitten in einer tiefen Lebenskrise. Sie hat das Gefühl, nicht mehr allein voranzukommen. Sie leidet unter ihrer Einsamkeit und depressiven Stimmungen. Ihr Traum läßt dieses Gefühl der Hilflosigkeit deutlich erkennen.

In dieser kritischen Situation erscheint ein Traumhelfer, der alte Weise, wie ihn C. G. Jung genannt hat. In den Träumen kommt er als alter Mann mit unterschiedlichem Aussehen vor. Hier zeigt er sich als Indianer. Er weiß mehr, als wir mit unserem Tagesbewußtsein wissen können. Er nimmt der Träumenden ihre Arbeit, im Leben voranzukommen, nicht ab. Auf den ersten Blick erscheint sein Verhalten vielleicht sogar hartherzig. Aber die Aufgabe der eigenen Lebensbewältigung kann nur jeder für sich alleine leisten. Allenfalls Rat ist möglich. Und den gibt ihr der alte Weise, indem er ihr empfiehlt, sie solle durch den Fluß kriechen, wenn sie nicht gehen könne. Auf der anderen Seite des Flusses wartet ein lohnendes Ziel auf die Träumende: das Indianerdorf. Dort herrscht Leben. Dort wird sie nicht länger einsam sein. Ein Leben inmitten einer lebendigen Gemeinschaft kommt auf sie zu.

Interessanterweise überwindet die Träumende ihre düstere Stimmung in dem Augenblick, als sie nicht mehr länger tatenlos auf eine Veränderung in ihrem Leben wartet, sondern selbst etwas unternimmt, indem sie durch den Fluß kriecht. Sie spürt, daß selbst diese hilflose Fortbewegungsart schön sein kann. Und trotz aller Schwierigkeiten genießt sie die warme Sonne, das klare, kühle Wasser und die Festigkeit der Steine. Sie nutzt die heilenden Kräfte der Natur.

Ein alter Mann oder eine alte Frau im Traum – das sind nicht immer so hilfreiche Gestalten wie in dem hier wiedergegebenen

Beispiel. Manchmal stehen sie in der Traumsprache für Alters-
starrsinn oder für irgendwelche alten, überlebten Vorstellungen
des Betreffenden, die über Bord zu werfen sich lohnt.

Träume von Kindern und vom Kindsein

Schwanger sein

Falls Sie tatsächlich mit einer Schwangerschaft rechnen, kann es
sein, daß Sie sich im Traum mit diesem Zustand emotional auseinandersetzen. Manchmal drückt sich auch der Wunsch nach
einem Kind in Träumen von einer Schwangerschaft aus. Im über-
tragenen Sinne enthalten solche Träume aber ganz einfach den
Hinweis darauf, daß eine lebendige Idee oder ein neues Projekt
in Ihnen wächst. Sie kündigen eine Neuorientierung Ihrer Persönlichkeit an. Manchmal beginnt auf diese Weise ein neuer Lebensabschnitt mit neuen Aufgaben, Interessen, Gefühlen und
Wünschen.

Ein Kind zur Welt bringen

Eine Geburt im Traum zeigt das Entstehen von etwas Neuem an.
In den seltensten Fällen ist damit die Geburt eines Kindes gemeint. Deshalb träumen manchmal auch Männer davon, daß sie
ein Kind zur Welt bringen. Oft ist das Entstehen eines neuen Pro-
jekts ja tatsächlich mit »Geburtswehen« verbunden.

Traumbeispiel

Eine junge Frau träumt, während sie an ihrer Doktorarbeit
schreibt, daß sie ein Kind bekommt. In ihrem Traum zieht sie
sich eine Menge Papierbögen aus ihrem Schoß.

Sein Kind vergessen

Traumbeispiel

Eine etwa 30jährige Frau, Mutter von zwei Kindern, träumt: »Ich bin mit meiner Familie im Auto unterwegs auf einer Reise. Zwischendurch legen wir an einer Autobahnraststätte eine Pause ein. Viel später, als wir die Fahrt längst wieder fortsetzen, fällt mir ein, daß ich die Kinder an der Raststätte vergessen habe. Ich erschrecke sehr darüber, daß mir so etwas passieren kann und schäme mich.«

Natürlich kommen solche Beispiele in der Realität vor. Aber sie geschehen so selten, daß sich der Traum wahrscheinlich nicht auf die Angst bezieht, die eigenen Kinder tatsächlich zu vergessen.

Meist deuten solche Träume auf Interessen oder Begabungen hin, die Sie lange Zeit über in Ihrem Leben vernachlässigt oder völlig vergessen haben. Ihr Traum bringt Ihnen jetzt in Erinnerung, daß sie gelebt werden wollen. Es kann sich dabei um ein Projekt handeln, das Sie vielleicht vor Jahren einmal begonnen, dann aber aus irgendwelchen Gründen nicht zu Ende geführt haben.

Kinderkleider

In der Sprache unserer Träume sind Baby- oder Kinderkleider meist ein Hinweis darauf, daß wir aus etwas herausgewachsen sind. Der Ort, an dem sie sich im Traum befinden, kann wichtig sein, um die Botschaft genauer zu verstehen. Kinderkleider an Ihrem Arbeitsplatz können darauf hinweisen, daß Sie über die Anforderungen an Ihrer Arbeitsstelle hinausgewachsen sind. Finden Sie die Kinderkleider zu Hause, stellt sich die Frage, mit welchen Seiten Ihres privaten Lebens Sie nicht mehr zufrieden sind. Fast immer weisen solche Träume auf anstehende Veränderungen im Leben hin. Es gilt, Abschied zu nehmen von Altem und Überlebtem.

Träume von Autos

Autos stehen in der Traumsprache fast immer für die eigene Identität des Träumenden. Sie weisen dann auf die Art hin, wie wir uns im Leben fortbewegen. Sie geben auch Aufschluß über die motorische Energie, über die Lebenskraft und die Einstellung zum Leben.

Rasante Sportwagen im Traum haben oft sexuelle Bedeutung. Sie symbolisieren den Rausch der Freiheit, Unabhängigkeit, Dynamik und Potenz.

Traumbeispiel

Eine junge Frau träumt: »Ich fuhr mit meinem Auto die Straße vor dem Haus entlang, in dem ich wohne. Aber das Auto war nur ein Spielzeugauto. Es hatte keinen Motor, sondern ich mußte es mit den Füßen vorwärtsbewegen.«

Das Kinderspielzeugauto ohne Motor kann ein Hinweis sein, daß es ihr im Leben an Antrieb fehlt, daß sie sich selbst, beruflich oder persönlich, unterfordert.

Ein klapperiges Auto fahren

Der Zustand des Autos, das Sie im Traum fahren, sagt meist etwas darüber aus, wie Sie sich selbst achten. Träumt man davon, ein klapperiges Auto zu fahren, kann das bedeuten, daß man sich selbst klapperig fühlt und in seinem Selbstwertgefühl angeschlagen ist. Auslöser für einen solchen Traum können wirtschaftliche Mißerfolge, Rückschläge, Enttäuschungen und Verluste in einer Liebesbeziehung oder Zweifel an den eigenen Zukunftsperspektiven sein.

Autopannen

Bleibt Ihr Auto im Traum mit einer Panne liegen, so gibt dieses Bild meist einen Fingerzeig auf gesundheitliche Störungen. Ist ein Reifen platt, sagt Ihr Traum Ihnen möglicherweise, daß aus Ihnen »die Luft heraus ist«. Ein Schaden an den Elektroleitungen kann einen Hinweis auf nervliche Störungen enthalten. Versagt die Kraftstoffpumpe, so könnte das auf eine Störung der Herztätigkeit deuten.

In jedem Falle lohnt es sich, bei Träumen von Autopannen darauf zu achten, wie sich der eingetretene Schaden in die Organsprache des Körpers übersetzen läßt.

Sein Auto nicht wiederfinden

Wenn Sie Ihr Auto im Traum irgendwo geparkt haben und es nun nicht wiederfinden, könnte dies heißen, daß Sie sich in Ihrer Identität verunsichert fühlen. Vielleicht haben Sie zur Zeit beruflich oder privat Ihr Ziel aus den Augen verloren. Oder Sie können sich nur schwer in Ihrer gegenwärtigen Lebenssituation orientieren.

Parkplatzprobleme

Traumbeispiel

Ein 25jähriger Mann träumt: »Ich fahre mit meinem Wagen durch die Stadt und suche nach einem Parkplatz. Aber ich finde keinen. Dabei habe ich das Gefühl, ich entferne mich immer weiter von meinem eigentlichen Ziel.«

Der junge Mann hat in seinem realen Leben eine abgeschlossene Berufsausbildung. Der erlernte Beruf füllt ihn jedoch nicht aus. Er möchte gern mit einem Studium beginnen, erhält aber keinen Studienplatz. Sein Traum spiegelt diese unbefriedigende Lebenssituation exakt wider.

Schiffe und Flugzeuge – eine andere Art von Traumautos

In unserer modernen hochtechnisierten Zeit benutzen Träume nicht alleine das Bild des Autos, um Fortbewegungsmöglichkeiten im Leben darzustellen. Immer öfter taucht inzwischen das Traumbild »Flugzeug« auf. Der Träumende sieht sich selbst als Pilot im Cockpit sitzen. Oder aber er erlebt sich als Kapitän eines Schiffes, wie in dem folgenden Beispiel.

Traumbeispiel

Ein ungefähr 50jähriger Mann träumt: »Ich bin Kapitän eines Schiffes. Mein Schiff liegt in einem Trockendock. Ich schaue mir den Rumpf von unten an. An vielen Stellen ist die Farbe abgeblättert. Muscheln und andere Meerestiere haben sich darauf angesiedelt. Ich fange an, den Rumpf zu reinigen und dann neu zu streichen. Nach meinem Eindruck wirkt das Schiff zwar etwas heruntergekommen, aber durchaus noch seetüchtig.«

Dieser Mann ist als selbständiger Unternehmer beruflich erfolgreich. Aber er spürt deutlich, daß sein jahrzehntelanger intensiver Berufseinsatz doch an seinen Kräften zehrt. Sein Traum gibt ihm den Hinweis, mehr für sich selbst zu tun. Er begibt sich daraufhin in eine Art Kur, in der es um Möglichkeiten zur Stärkung der körperlichen Fitneß geht, aber zugleich an sinnvollen psychischen und geistigen Strategien zur Lebensbewältigung gearbeitet wird.

Tiere und Bäume im Traum

Tiere

Tiere verkörpern im Traum bestimmte Eigenschaften unserer selbst. Im Grunde wählen unsere Träume die gleiche Methode wie die Literatur, wo in Fabeln und Comics an bestimmten Tieren jeweils typische menschliche Verhaltensweisen dargestellt werden.

Der Fuchs gilt seit jeher als besonders schlau. Löwen findet man ihrer Kraft wegen nicht zufällig immer wieder als Wappentiere. Ähnliches gilt für den Adler, der seinen Herrschaftsbereich hoch oben über allem Geschehen in den Lüften und in unzugänglichem Felsen hat. Aufgrund dieser Eigenschaften taucht er nicht nur in unseren Träumen als Symbol von Macht, Freiheit und Unabhängigkeit auf, sondern hat dieselbe Bedeutung auch als Wappentier vieler Staaten. Rehe gelten als scheu, Kühe als Spender mütterlicher Wärme und Energie. Katzen verkörpern Zärtlichkeit, Anschmiegsamkeit, aber auch Unabhängigkeit und Freiheitsdrang. Solche Symbolbedeutungen gelten in unseren Träumen ähnlich wie in der Realität. Am genauesten läßt sich die Bedeutung eines Tieres aus Ihrem Traum bestimmen, wenn Sie sich, ohne lange zu überlegen, fragen: Welche Eigenschaften fallen mir zu dem Tier ein, das ich in meinem Traum erlebt habe?

Bei vielen Naturvölkern verkörpern bestimmte Tiere einen speziellen Geist, eine besondere Energiequalität. Gemeint ist damit nicht ein konkretes Tier, also nicht beispielsweise ein bestimmter Bär, sondern Bären an sich. Die Menschen verehren dann den Geist des Bären. Und mit ihm treten sie in Kontakt, wenn sie seine Hilfe oder seine Kraft benötigen. Wer den Kontakt zu seiner eigenen Tiernatur verloren hat, gilt bei ihnen als schwach und verletzbar. In der Welt der Träume gelingt es auch uns Angehörigen moderner westlicher Zivilisation manchmal noch, die hilfreiche Beziehung zu einem Krafttier aufzunehmen. Fragen Sie sich, wenn Ihnen ein Tier im Traum begegnet: Wie würde es sich in meiner augenblicklichen Lebenssituation auswirken, wenn ich die Eigenschaften annähme, die dieses Tier besitzt?

Wenn Ihnen im Traum ein furchterregendes Tier begegnet, zum Beispiel eine Giftschlange, so hilft es oft, wenn Sie sich die Frage stellen: Wo in meinem Leben habe ich mit einem Menschen zu tun, der die Eigenschaften dieses Tieres verkörpert? So erschreckend sein Inhalt auf den ersten Blick auch für Sie sein mag, Ihr Traum von einer Giftschlange oder von einem lauernden Krokodil will Ihnen helfen. Denn erst wenn Sie erkannt haben, wo in Ihrem Leben die Gefahr lauert, werden Sie ihr erfolgreich begegnen können.

Vampire

Tauchen in Ihrem Traum Vampire auf, so befürchten Sie vielleicht, irgend jemand in Ihrer Umgebung könne Ihnen Ihre Lebenskraft rauben. In der Tat gibt es Menschen, die im sozialen Kontakt stark an den Kräften des anderen zehren. Indem Sie sich klar abgrenzen, tappen Sie nicht in eine solche Beziehungsfalle. Lassen Sie sich nicht vollständig aussaugen, auch wenn es jemand noch so gut mit Ihnen zu meinen scheint.

Insekten

Das Kribbeln von Ameisen, Spinnen, Schaben und ähnlichen Tieren kann im Traum ein Hinweis auf das Bestehen nervöser Störungen sein. Ähnliches gilt für Moskitos, Mücken und Wespen. Bei ihnen kommt oft eine Beimischung von Aggressivität hinzu. Wer sich nervös und reizbar fühlt, reagiert tatsächlich häufig auch aggressiv.

Fische

Fische kommen in der Traumsprache in unterschiedlicher Bedeutung vor. Einmal verkörpern sie die spirituelle Seite unserer ganzen Persönlichkeit. Diese Bedeutung klingt beispielsweise in der Fischsymbolik des Christentums an.

Ein Schwarm kleinerer Fische kann aber auch den Samen des Mannes symbolisieren. Sperma hat unter dem Mikroskop deutliche Ähnlichkeit mit schwimmenden Fischen.

Manchmal betont das Traumbild »Fisch« die kalte, nicht gefühlsbezogene Seite der Sexualität, die auch in der Redewendung »kalt wie ein Fisch« zum Ausdruck kommt.

Welche Bedeutung gemeint ist, läßt sich meist klar aus dem Traumzusammenhang erkennen.

Bäume

Der Baum ist ein uraltes Lebenssymbol, das in den Sagen, Mythen und rituellen Gebräuchen der Völker eine wichtige Rolle spielt. In den Begriffen »Lebensbaum« und »Stammbaum« spiegelt sich diese Bedeutung wider.

In der Traumsprache deutet der Baum meist auf die persönliche Entwicklung und auf das innere Wachstum der Träumenden hin. Wichtig ist, daß Sie bei Baumträumen auf den Zustand des Baumes achten und darauf, was mit dem Baum geschieht.

Traumbeispiel

Eine 35- bis 40jährige Frau träumte: »Ich sah, daß mitten auf einer Waldlichtung ein Baum gefällt worden war. Ich empfand ein Gefühl von starkem Schmerz und von Trauer beim Anblick des umgestürzten Baumes. Aber dann sah ich, daß um den Baumstumpf herum überall kräftige junge Bäume nachwuchsen.«

Zum Zeitpunkt dieses Traumes befindet sich die Frau in einer ernsthaften psychischen und gesundheitlichen Krise. Offenbar sieht sie sich selbst in dem gefällten Baum und kann nirgends mehr Hoffnung auf Heilung schöpfen. Trost in ihrer Krise scheint ihr allenfalls der Gedanke an das Weiterleben in ihren Kindern zu geben, die ihr Traum als kraftvoll nachwachsende junge Bäume darstellt.

Träume, in denen Farben eine Rolle spielen

Immer wieder stellen mir Trauminteressierte die Frage: »Erleben wir unsere nächtlichen Traumbildserien in Farbe oder in Schwarzweiß?« Die Antwort lautet: »Beides kommt vor.« Die meisten Menschen sehen ihre Bilder im Traum in Farbe. Nur ganz selten läuft im nächtlichen inneren Kino mancher Träumer ein Schwarzweißfilm.

Was Farben allgemein im Traum bedeuten

Wenn uns bestimmte Farben in unseren Träumen auffallen, will unser Traumbewußtsein mit diesen Farben auch etwas Bestimmtes ausdrücken. Wie der Sinn dieser Farbbotschaft lautet, erfahren wir am besten, wenn wir uns fragen: Was bedeutet diese Farbe, die ich in meinem Traum gesehen habe, für mich? Natürlich spielt dabei zusätzlich immer auch der Handlungszusammenhang eine Rolle, in dem diese Farbe im Traum vorkommt. Das Rot einer Verkehrsampel hat in unseren Träumen im allgemeinen eine Warnfunktion, was man von dem Rot eines wunderschönen Abendkleids sicherlich nicht ohne weiteres sagen kann. Dieses Rot wird eher Ausdruck für leidenschaftliche Liebe sein. Aber ganz eindeutig läßt sich nicht einmal das behaupten. Denn manche Menschen haben Angst vor Leidenschaft und Liebe. Also kann das Rot des Abendkleids bei ihnen durchaus als Warnfarbe auftreten.

Trotz solcher persönlicher Abweichungen lassen sich Farbbedeutungen beschreiben, die bei einer großen Zahl von Menschen überall auf der Welt immer in gleicher Weise verstanden werden.

Waffen im Traum

Waffen spielen interessanterweise auch in den Träumen friedfertiger Menschen eine entscheidende Rolle. Bei Menschen, die im Alltag Schwierigkeiten haben, ihre Aggressivität zuzulassen und sie auszuleben, finden sich Waffenträume sogar besonders häufig. Denn unsere Träume versuchen, unser inneres Gleichgewicht wiederherzustellen. Dieses Gleichgewicht ist gestört, wenn wir in unserem Wachleben die in uns vorhandene Aggressivität nicht zulassen. Aggression ist im Grunde etwas Positives. Ohne sie würden wir nicht lieben und keines unserer wichtigen Lebenswerke schaffen können. Aggression wird erst dort bedrohlich, wo sie sich zur Destruktivität hin entwickelt. Unsere aggressiven Träume wollen verhindern, daß dies geschieht.

Träume, in denen Waffen eine Rolle spielen, sind fast immer Aggressionsträume. Ihre genauere Bedeutung läßt sich erkennen, wenn Sie auf die Art der Waffe achten, die in Ihrem Traum vorkommt.

Messer

Messer haben in der Sprache unserer Träume in den seltensten Fällen eine phallisch-sexuelle Bedeutung, wie Freud sie annahm. Wird das Messer im Traum als Angriffswaffe benutzt, verkörpert es oft Aggressionstendenzen. Der Mann, der die Träumende mit dem Messer verfolgt, will sie im allgemeinen weder töten noch vergewaltigen. Das Traumbewußtsein möchte mit diesem Bild erreichen, daß sich die Träumende dieser Traumgestalt mutig zuwendet. Es könnte sich lohnen, die Probleme, die der Mann für sie verkörpert, zu analysieren und sie sich bewußt zu machen.

Gewehre

Das Gewehr gibt, wie alle Schußwaffen im Traum, Aufschluß über Aggressionstendenzen. Manchmal trifft auch die Bedeutung als Sexualsymbol zu. Gelegentlich stellen Träume mit dem Bild von Schußwaffen aber auch Allmachtsgefühle dar. Alle Arten von Waffen, ebenso alle Geräte und Werkzeuge, die sich als Waffen einsetzen lassen, können auf aggressive männliche Triebkraft hindeuten. Sie zeigen Sexualität dann als rein körperlichen Vorgang. Die geistigen und seelischen Bereiche einer Partnerbeziehung berücksichtigen sie dagegen nicht.

Keine Angst vor Alpträumen

Die Alpträume sind es, die uns schweißgebadet, mit Herzklopfen und Panikgefühlen aus dem Schlaf schrecken lassen. Dabei ist das Schlimmste an ihnen vielleicht noch nicht einmal ihr Horrorinhalt.

Wenn uns die Angst immer wieder einholt

Weit schlimmer ist meist die Angst vor dem Traum selbst, die Alpträume in uns hinterlassen, wenn sie öfter wiederkehren. Dahinter steckt die Angst vor der Angst. Sie kann uns hindern, anzuschauen, welche Botschaft sich in unseren Alpträumen verbirgt. Doch Hinschauen ist die einzige Lösung. Angstbilder wollen mit allen Sinnen wahrgenommen werden. Das bedeutet, wir müssen sie möglichst konkret sehen, hören, riechen, anfassen, sie weiterphantasieren, über sie nachdenken und natürlich auch darüber sprechen, damit sich die massiven Ängste auflösen, die sich hinter den Alpträumen verbergen.

Angstträume entlasten uns

Bei erwachsenen Menschen gibt es zwei Typen, die unter wiederkehrenden Alpträumen leiden. Die einen werden zeit ihres Lebens immer wieder von Alpträumen geplagt. Die anderen entwickeln erst nach einer Krise immer wieder Panikträume. Was beide verbindet, ist die Hilflosigkeit gegenüber einem Problem in ihrem Leben. Bei den einen begannen massive Angriffe auf die persönliche Unversehrtheit sehr früh in der Kindheit. Sie verhinderten die Entwicklung eines gesunden Selbstwertgefühls. Bei den anderen war es ein Schicksalsschlag, der zu schweren Einbrüchen des Selbstvertrauens führte. In beiden Fällen enthalten die wiederkehrenden Alpträume den Versuch, das beschädigte Selbstvertrauen ins Gleichgewicht zu bringen.

Im Erwachsenenalter sind es meist bestimmte Krisen, die verstärkt zum Auftreten von Alpträumen führen. Sehr häufig handelt es sich um Verlustkrisen, in denen wir unser eigenes Leben als bedroht empfinden. Sie können durch den drohenden oder tatsächlich eingetretenen Verlust eines Kindes, des Partners, der Partnerin oder eines anderen nahestehenden Menschen eintreten, aber auch durch den Verlust des Arbeitsplatzes, der Wohnung, des Besitzes oder von Dingen, die für uns entscheidend wichtig sind. Solche Verluste wecken, wenn wir erwachsen sind, alte Ängste aus unserer Kindheit.

Die amerikanische Traumforscherin Rosalind Cartwright verlor ihre erwachsene Tochter durch einen Autounfall und geriet daraufhin in eine tiefe persönliche Krise. Über lange Zeit hinweg spiegelte sich ihre verzweifelte Situation in massiven Alpträumen wider – bis endlich folgender Traum anzeigte, daß die Trauerarbeit geleistet war (Cartwright/Lamberg, 1996, 107 f.):

»Ich befand mich auf einer großen Tagung und wartete in einer Menschenmenge auf den Aufzug. Da kam meine Tochter Chris auf mich zu.

›Christine!‹ sagte ich. ›Ich bin so glücklich, dich zu sehen. Ich dachte, du wärst tot.‹

›Das bin ich auch‹, sagte sie. ›Ich bin nur gekommen, um bei dir zu sein, bis du dich an den Gedanken gewöhnt hast.‹

Das sah ihr so ähnlich, daß der Traum tröstlich für mich war. Ich erkannte schließlich, daß ich sie nicht retten konnte, aber sie konnte auf eine Weise bei mir sein, die mir Frieden gab. Das war der letzte Traum der Trauerperiode. Die Gefahren- und Rettungsträume wandelten sich in Träume, in denen ich das Geschehen akzeptieren und damit leben konnte.«

Schockerlebnisse wiederholen sich im Traum – ein Versuch der Verarbeitung

Fast jeder, der ein tiefes Schockerlebnis hatte, träumt in den darauffolgenden Tagen und Wochen davon. Der amerikanische Schlafforscher und Psychiater Ernest Hartmann fand mehrere typische Phasen des Verlaufs der Alpträume nach Schockerlebnissen heraus (Hartmann, 1984):

Einer seiner Klienten war mit dem Rest seiner Familie aus einem brennenden Haus geflüchtet. In der ersten Phase seiner Traumreaktionen träumte er wochenlang fast jede Nacht von Feuer und Qualm. Er empfand dabei das Entsetzen, das er tatsächlich in der Situation selbst und unmittelbar danach erlebt hatte. Nach dieser Phase bezogen seine Träume andere Bilder mit ein, in denen er erlebte, wie er sich zusammen mit den übrigen Mitgliedern seiner Familie das brennende Haus ansah. Er begann, erkennbar Abstand zur Situation zu gewinnen. Über Wochen oder Monate später können sich diese Träume dann immer mehr erweitern, indem sie noch andere Häuser einbeziehen, in

denen der oder die Träumende einmal gelebt hat. Ganz allmählich finden die Träume, wenn die Verarbeitung gelingt, dann zu der Form zurück, die sie vor dem Schockerlebnis hatten. Das kann bedeuten, sie verschwinden nach und nach ganz oder nehmen eine so harmlose Gestalt an, daß sie sich nicht mehr als Alpträume bezeichnen lassen.

Wenn die Verarbeitung von Angstsituationen nicht gelingt

Gelingt die Verarbeitung eines tiefen Schockerlebnisses nicht, so treten die Alpträume immer wieder auf, selbst über viele Jahrzehnte, meist mit unveränderten Inhalten. Eine Schockblockierung kann sich auch in Schlafstörungen, in tagsüber wiederkehrenden Rückblenden, in emotionaler Starre und vielen anderen Symptomen äußern.

Strategien zur Schockbewältigung

Je jünger wir sind, wenn wir eine Schockerfahrung erleiden, um so geringer sind unsere Möglichkeiten, sie zu verarbeiten. Je weniger wir über erfolgreiche Strategien zur Bewältigung lebensbedrohender Krisen verfügen, um so größer ist die Wahrscheinlichkeit, daß es zu blockierenden Streßstörungen kommt. Kleinkinder haben verständlicherweise ein noch geringes Erfahrungsrepertoire in der Bewältigung von Schockkrisen. Dementsprechend können sie Krisen sehr viel schlechter einordnen als ältere Kinder oder Erwachsene. Wenn zum Beispiel die nahrungsspendende Mutter wegbleibt, weiß ein Säugling ja nicht, ob sie je wiederkommen wird. Dementsprechend kann er seine Mangelsituation schnell als lebensbedrohlich erfahren.

Im Alter zwischen drei und acht Jahren schrecken fünf bis zehn Prozent aller Kinder einmal pro Woche aufgrund von Angstträumen aus dem Schlaf auf. Die Häufigkeit nimmt mit dem Heranwachsen jedoch allmählich ab. Nach einer Untersuchung der Universität Arizona leiden Studentinnen und Studenten noch etwa zweimal im Monat unter Katastrophenträumen, aus denen sie angsterfüllt aufwachen (Cartwright/Lamberg, 1996, S. 104). Bei Erwachsenen kommen Alpträume, welche die Träumenden aus dem Schlaf aufschrecken lassen, durchschnittlich nur noch etwa einmal pro Jahr vor. Die Alpträume nehmen in dem Maße ab, wie wir älter und kompetenter darin werden, mit unserem Leben klarzukommen. Das bedeutet wiederum nicht, daß erwachsene Menschen, die häufig unter Alpträumen leiden, keine geeigneten Bewältigungsstrategien entwickelt haben. Ihr Schock kann noch aus der frühen Kindheit in ihnen festsitzen und ihre Lebensenergie so lange blockieren, bis er aufgelöst wird.

Traum-Workshop

Der dritte Teil dieses Buchs vermittelt Ihnen in einem Traum-Workshop die wichtigsten Methoden, wie Sie Ihre Träume ins Bewußtsein heben und Einfluß auf das Traumgeschehen nehmen können, um damit zugleich Ihr Leben zum Positiven hin zu verändern. Sie erhalten einen Überblick über typische Lebenskrisen und lernen, die Grundsätze des Krisenmanagements durch Traumarbeit anzuwenden. Dabei geht es vor allem darum, festgefahrene Lebenssituationen in Nacht- und Wachträumen wieder in Gang zu bringen und auf diese Weise persönliche und berufliche Probleme zu lösen. Außerdem erfahren Sie, wie Sie Ihre eigene Kreativität durch Traumarbeit entfalten können.

Aktive Traumarbeit – was ist das?

Jeder Mensch träumt in jeder Nacht vier oder fünf Träume. Wir träumen insgesamt etwa eineinhalb Stunden lang. Hochgerechnet auf unsere gesamte Lebenszeit, ergibt dies etwa vier Jahre, die wir im Traumzustand verbringen. Man kann diese Zeit passiv über sich ergehen lassen. Aber ebensogut ist es möglich, ihr ein wenig Aufmerksamkeit zu schenken. Die Botschaft der Träume zu entschlüsseln und ihren Inhalt aktiv verändernd zu gestalten lohnt sich, weil sich auf diese Weise tiefgreifende positive Veränderungen im Leben des Träumenden herbeiführen lassen.

Aktive Traumarbeit bedeutet:

- Träume bewußt erleben,
- die Botschaft der Träume entschlüsseln,
- den Inhalt der Träume gestaltend verändern.

Die wichtigste Voraussetzung für aktive Traumarbeit ist zunächst einmal, die eigenen Träume im Gedächtnis zu behalten. Denn wir können nur mit dem Traummaterial arbeiten, das uns bis in unseren Wachzustand hinein in Erinnerung geblieben ist.

Wie Sie Ihre Träume im Gedächtnis behalten können

Die wenigsten Menschen erinnern sich am Morgen noch klar und vollständig an die Träume der vergangenen Nacht. Die meisten behalten einen Teil ihrer nächtlichen Bilder im Gedächtnis. Und manche haben nach dem Erwachen alles vergessen.

Das Traumerinnerungsvermögen ist in erster Linie eine Sache der Gewohnheit. Jeder kann es mit verhältnismäßig geringer Mühe lernen. Wichtig ist vor allem unsere persönliche Einstellung zu unseren Träumen. Jeder Traum ist ein wertvolles Geschenk. Schieben Sie also keinen einzigen Ihrer Träume achtlos beiseite, selbst wenn Sie zunächst keine verständliche Botschaft in ihm erkennen können oder der Meinung sind, Sie hätten ihn ohnehin nur bruchstückhaft im Gedächtnis behalten. Akzeptieren Sie Ihre Träume einfach so, wie sie sind, ganz gleich, ob sie Ihnen fremd, albern, bruchstückhaft oder konfus erscheinen. Immer sind sie Teile von uns selbst, auch wenn sie ihre Botschaft am Anfang manchmal nur zögernd preisgeben.

Wie sich die Fähigkeit zur Traumerinnerung stärken läßt – konkrete Hilfen

Am besten nehmen Sie sich abends vor dem Einschlafen ganz fest vor, daß Sie sich an Ihre Träume erinnern wollen. Wiederholen Sie für sich diesen Vorsatz immer wieder: Ich will mich an die Träume der Nacht erinnern! Denken Sie am Morgen sofort nach dem Erwachen wieder an diese Suggestion, die Sie sich selbst gegeben haben. Jedesmal, wenn Sie spontan erwachen, wachen Sie aus einem Traum auf.

Günstig ist es, wenn Sie nicht durch einen Wecker geweckt werden, sondern Ihre Schlafenszeit so einrichten, daß Sie von selbst erwachen. Denn so wird der natürliche Ablauf einer Traumphase nicht gestört. Jeder Mensch trägt seinen eigenen Wecker in sich. Wenn Sie sich über einen längeren Zeitraum hinweg fest vornehmen, daß Sie zu einer bestimmten Zeit erwachen wollen, gelingt ihnen das auch.

Nach dem Erwachen noch ein wenig liegenbleiben

Am besten bleiben Sie nach dem Erwachen zunächst mit geschlossenen Augen liegen. Lassen Sie die Traumbilder noch einmal an sich vorübergleiten. Oft genügt schon das kleinste Bruchstück Ihres letzten Traumes, um die komplette Traumserie der ganzen Nacht oder doch wesentliche Teile ins Gedächtnis zurückzuholen. Bleiben Sie still liegen, und denken Sie jetzt noch nicht an all die Probleme und Vorhaben, die der neue Tag für Sie bereithält.

Schon fünf Minuten nach dem Erwachen erlöschen die meisten Traumeindrücke, wenn wir sie nicht sofort in unserem Gedächtnis festhalten. Nach zehn Minuten sind die Bruchstücke unserer Träume fast oder ganz vollständig verlorengegangen.

Aus der Schlafforschung

Die Schlafforscher konnten schon vor mehreren Jahrzehnten in ihren Schlaflabors überzeugend nachweisen, wie schnell unsere Träume aus dem Gedächtnis verschwinden. Dazu weckten sie Schlafende zu vier verschiedenen Zeiten auf (Diamond 1967):

- 1. Mitten in einer Traumphase: Die geweckten Schläfer berichteten von einer sich gerade abspielenden Traumhandlung.
- 2. Bei einer starken Körperbewegung unmittelbar nach einer Traumphase: Die Versuchspersonen erzählten vollständige, lebhafte und fest umrissene Träume.
- 3. Fünf Minuten nach Beendigung einer Traumphase: Die Schläfer erzählten jetzt nur unklare Bruchstücke von Traumerlebnissen.
- 4. Zehn Minuten nach einer Traumphase: Die meisten konnten sich überhaupt nicht mehr an ihre Träume erinnern oder hatten nur noch einen ganz schwachen Eindruck von dem Traumgeschehen.

Traumbruchstücke Manchmal fallen uns noch mitten am Tag Bruchstücke aus der Traumserie der vergangenen Nacht ein, ganz plötzlich, oft wie aus heiterem Himmel, weil uns irgend jemand oder irgend etwas an unseren Traum erinnert hat. So kann es zum Beispiel geschehen, daß wir im Schaufenster eines Reisebüros das Bild eines Sonnenstrandes sehen. Bei dieser Gelegenheit erinnern wir uns plötzlich wieder an einen Traum der vergangenen Nacht, in dem wir wunderschön im Meer gebadet und uns dabei sehr wohl gefühlt haben.

Aber das meiste an Traummaterial ist am nächsten Tag unwiederbringlich verloren. Wir können es nicht mehr zurückholen, so sehr wir versuchen, uns zu erinnern, selbst wenn Sie mitten in der Nacht aus einem Traum erwachen. Vielleicht haben Sie das schon einmal erlebt: Sie erkennen, daß dieser Traum wichtig für Sie war; Sie nehmen sich fest vor, ihn im Gedächtnis zu behalten, am nächsten Tag über ihn nachzudenken, ihn ihrem Partner/Ihrer Partnerin zu erzählen, ihn aufzuschreiben. Sie lassen den Traum deshalb noch einmal in ihrem Gedächtnis vorüberziehen, ehe Sie wieder einschlafen. Und doch geschieht es: Am nächsten Morgen haben Sie ihn vergessen. Trotz größten Bemühens will es Ihnen nicht mehr gelingen, den Traum in Ihr Gedächtnis zurückzurufen.

Über Träume sprechen

Weil Träume so ungeheuer flüchtig sind, ist es günstig, sie möglichst sofort nach dem Erwachen aufzuschreiben und sie jemandem zu erzählen, sie auf diese Weise, spätestens am Frühstückstisch, »dingfest« zu machen, damit sie nicht spurlos aus dem Bewußtsein verschwinden – federleicht wie sie sind.

Viele Menschen erinnern sich besser an ihre Träume, wenn sie sie irgend jemandem, ihrem Partner/ihrer Partnerin, einem Freund oder einer Freundin oder anderen Mitgliedern ihrer Familie erzählen können. Allein schon das Aussprechen eines Traumes reicht oft aus, um die Erinnerung an ihn festzuhalten und so zu verhindern, daß er unwiderruflich verlorengeht.

Sehr günstig ist es, einen Schreibblock und einen Bleistift stets in erreichbarer Nähe des Bettes aufzubewahren. So können Sie jederzeit, selbst bei Dunkelheit mitten in der Nacht und ohne erst das Licht einzuschalten, ein paar Stichworte zu Ihren Träumen notieren. Das genügt, um den Traum am nächsten Morgen wieder vollständig ins Gedächtnis zurückzurufen.

Viele Traumerfahrene benutzen ein kleines Diktiergerät, in das sie ihre Träume – vollständig oder stichwortartig – mitten in der Nacht hineinsprechen.

Ein Traumtagebuch führen

Eine weitere sehr gut geeignete Methode, die Träume festzuhalten, ist das Führen eines Traumtagebuchs. Mit seiner Hilfe gelingt es, Träume über längere Zeiträume zu verfolgen, zu vergleichen, wie sie sich entwickeln, verändern oder ausbleiben, je nachdem wie wir uns selbst entwickeln und verändern.

Ein neues Selbstverständnis entwickeln   Jedes Traumbild, so ungewöhnlich, absurd oder fremdartig es auf uns wirken mag,

stellt einen neu in Erscheinung tretenden Teil unserer selbst dar, aus dem sich ein neues Selbstverständnis entwickeln läßt. Wir können mit anderen über unsere Träume sprechen, mit unserer Partnerin/unserem Partner, mit Freundinnen und Freunden, mit allen Menschen, zu denen wir Vertrauen haben,auch mit Experten. Vielleicht können sie uns hier und da Hinweise und Denkanstöße geben. Aber am besten verstehen letztlich nur wir selbst unsere Träume, denn sie sind unsere ureigensten Aussagen, so fremd sie uns im ersten Augenblick manchmal auch erscheinen mögen.

Träume aufschreiben   Das Aufschreiben eines Traums allein ist schon eine erste intensive Auseinandersetzung mit dem Trauminhalt. Beim Aufschreiben wird uns vieles klar, was der Traum sagen will. Und Träume, die wir schriftlich festhalten, sind vor der Vergessenheit gerettet.

Träume vergleichen   Das Führen eines Traumtagebuchs bietet die wertvolle Chance, unsere Träume über längere Zeiträume hinweg zu beobachten und zu vergleichen. Wir können dabei folgendes erkennen: Welche Motive kehren regelmäßig wieder? Verändern sie sich in ihrer Aussagerichtung? Warum tauchen sie immer wieder auf? Zeigen sie Fortschritte oder Verschlechterungen bei der Bearbeitung einer Angstsituation, die uns vielleicht schon über weite Strecken des Lebens begleitet hat?

Das Aufschreiben eines Traums ist ebenso wie das Erzählen ein Schritt zur Selbsterkenntnis, zugleich aber auch schon zur Selbstheilung.

C. G. Jung verwendete Jahre seines Lebens darauf, seine Träume aufzuzeichnen und sich mit ihnen auseinanderzusetzen. Er war von der Gewalt seiner Träume so tief beeindruckt, daß er zunächst einmal seine Vorlesungen an der Universität aufgab. Er spürte, daß er noch viel zu wenig über sich selbst wußte. Die Träume, die in dieser Zeit des intensiven Selbststudiums aus ihm herausdrängten, bildeten die Grundlage seines ganzen späteren Lebenswerks.

Es gibt unterschiedliche Techniken, ein Traumtagebuch zu führen:

Tonaufzeichnungen von Träumen   Sie können den Traum sofort beim Erwachen auf Tonband sprechen. Der Nachteil dieser Methode ist: Falls Sie nicht alleine im Zimmer schlafen, könnte Ihr Partner bzw. Ihre Partnerin gestört werden.

Notizblock und Bleistift bereitlegen   Viele Menschen empfinden es als angenehmer, ständig einen Notizblock und einen Bleistift neben dem Bett bereitliegen zu haben, um sofort beim Erwachen ihre Träume in ein paar Stichworten zu skizzieren. Mit einiger Übung schafft man das auch bei Dunkelheit. Am nächsten Tag können Sie dann Ihre nächtlichen Notizen in Ruhe und ausführlich in Ihr Traumtagebuch übertragen.

Traumüberschriften notieren   Günstig ist es, jedem Traum eine Überschrift zu geben. So finden Sie ihn später leichter wieder. Und zugleich liegt darin schon Deutungsarbeit. Denn Sie müssen dabei überlegen, um welches Thema es in diesem Traum geht.

Lassen Sie am besten in Ihrem Traumtagebuch immer eine Spalte Platz frei, damit Sie später Bemerkungen oder Deutungsversuche ergänzen können.

Jede Traumeintragung sollte mit Datum versehen werden, auch mit Hinweisen über besondere Umstände und Erlebnisse in der Zeit, in der dieser Traum auftrat.

Träume in Bildern darstellen
Versuchen Sie, Träume zu zeichnen oder zu malen, von denen Sie selbst den Eindruck haben, sie seien wichtig. Das gilt besonders für Angstträume, aber auch positive Träume. Sie brauchen dafür kein geborenes Kunsttalent zu sein. Es kommt nur darauf an, daß Sie selbst sich durch das optische Gestalten mit dem Trauminhalt auseinandersetzen. Niemand braucht Ihre Bilder zu sehen und erst recht nicht zu begutachten. Zeichnen oder malen Sie, wenn Sie ganz alleine und ungestört sind. Manchmal tritt dabei als Nebenwirkung ein, daß jemand plötzlich im Erwachse-

nenalter ein vollkommen neues kreatives Talent an sich entdeckt.

Aber in erster Linie geht es darum, eine Ausdrucksmöglichkeit für die eigenen Ängste und Konflikte zu finden. Und dafür eignen sich, wie die Erfahrung immer wieder zeigt, alle Formen der optischen Darstellung besonders gut.

Zusammenfassung

Worauf es beim Umgang mit Ihren Nachtträumen ankommt

- Suchen Sie sich für das Gespräch über Ihre Träume Menschen aus, zu denen Sie Vertrauen haben oder Vertrauen entwickeln können.
- Wählen Sie für das Gespräch über Träume einen Zeitpunkt, zu dem alle Beteiligten ungestört sind und nicht unter Zeitdruck oder anderem Streß stehen.
- Beim gemeinsamen Herausfinden der Traumbotschaft gebührt immer denjenigen der Vorrang, die den Traum erzählt haben.
- Niemandem darf eine Deutung aufgedrängt werden, die er oder sie nicht auch akzeptieren kann.
- Achten Sie auf die Gefühle, die der oder die Betreffende mit ihrem Traum verbindet.
- Nehmen Sie ein Traumlexikon mit psychologischen Deutungen zu Hilfe, wenn Sie mit der Deutung nicht weiterkommen.
- Achten Sie auch auf Einzelheiten des Traums, die scheinbar nebensächlich sind. Sie enthalten oft wichtige Hilfen für das Verständnis der Traumbotschaft.
- Schreiben Sie Ihre Träume in einem Traumtagebuch auf. Geben Sie jedem Traum eine Überschrift.
- Malen oder zeichnen Sie Bilder von Ihren Träumen. Sie können dabei vollkommen neue kreative Fähigkeiten in sich entdecken und finden leichter positive Traumlösungen.

Träume lassen sich verändern – wie Sie unangenehme Träume zu einem positiven Schluß bringen können

Für viele Menschen besteht zwischen der Wirklichkeit des Tages und der Welt ihrer nächtlichen Träume eine feste Grenze. Und sie fürchten, wenn sie diese Mauer zwischen Tag und Nacht niederreißen, könnten sie ihren Sinn für die Realität verlieren und zu Traumtänzern werden, zu Phantasten und Spinnern, die sich in ihren Träumen verlieren und am Ende nicht mehr fähig sind, sich in der Tageswelt zurechtzufinden. Ein sehr altes Gedicht aus China spricht vom Wandern zwischen den beiden Welten des Traums und der Tageswirklichkeit:

»Ich habe letzte Nacht geträumt,
ich sei ein Schmetterling.
Und jetzt weiß ich nicht, ob ich ein Mensch bin,
der träumt, er sei ein Schmetterling,
oder ob ich vielleicht ein Schmetterling bin,
der träumt, er sei ein Mensch.«

Aber dieses Gedicht will nicht davor warnen, sich auf »Traumwanderungen« einzulassen. Seine Aussage lautet vielmehr: beide, die Welt des Tages ebenso wie die Welt der Träume, stehen als zwei tatsächlich vorhandene Wirklichkeiten nebeneinander.

Kontakt zur Tageswirklichkeit

Die Erfahrung im Umgang mit Träumen zeigt eindeutig: wer sich auf die Innenwelt seiner Träume einläßt, verliert nicht den Kontakt zur Tageswirklichkeit, sondern das Gegenteil geschieht, seine Bodenhaftung, seine Verbindung zu der Realität des Alltags, verstärkt sich. Er flüchtet nicht vor der Wirklichkeit, er nimmt sich nur für kurze Zeit aus dem Geschehen heraus. Bei seiner Rückkehr in den Alltag wird er um so handlungsfähiger. Seine Entscheidungen gewinnen an Klarheit und an Sicherheit, weil sie nicht mehr alleine vom Verstand gesteuert sind, sondern ebenso von der Intuition aus dem Unbewußten. C. G. Jung hat einmal gesagt, die Jahre, in denen er sich intensiv mit seinen Träumen und inneren Bildern auseinandergesetzt hat, hätten zu den wertvollsten in seinem ganzen Leben gehört. In ihnen sei alles das als Entwurf in ihm entstanden, was sich später zu seinem Lebenswerk entwickelt habe. Viele Menschen, die sich intensiv mit ihren Traumbildern beschäftigt haben, bestätigen diese Wirkung.

Die Grenzen zwischen der Tageswirklichkeit und der Welt des Traums sind manchmal fließend

Vielleicht haben Sie das auch schon erlebt: Sie liegen abends in Ihrem Bett und lassen die Ereignisse des vergangenen Tages noch einmal an sich vorüberziehen. Dabei fangen Sie, ohne es selbst zu bemerken, an zu träumen. Wenn Sie jetzt noch einmal wach werden, etwa weil Sie sich im Bett umdrehen oder weil Ihr Partner Sie anspricht, wird Ihnen klar, daß Sie bereits geträumt haben, obwohl Sie glaubten, noch wach zu sein und nachzudenken.

Traumbeispiel

Ein 52jähriger Mann denkt abends vor dem Einschlafen über ein Gespräch nach, das er an diesem Tag mit einem seiner Mitarbeiter geführt hat. Plötzlich sieht er, wie dieser Mitarbeiter ein Messer aus der Tasche zieht und ihn damit bedroht. Der Mann schreckt zusammen und erwacht. Ihm wird klar, daß er geträumt hat. In Wirklichkeit ist dieser Mitarbeiter ein ruhiger und beherrschter Mensch, der ihn nie mit einem Messer bedrohen würde.

Durch die Traumbilder, die sich hier unbemerkt in sein Nachdenken hineingemischt haben, sieht der Mann die Unterredung mit seinem Mitarbeiter plötzlich in einem ganz anderen Licht. Er erkennt, daß offenbar doch unausgesprochene Unstimmigkeiten zwischen ihm und seinem Kollegen bestehen. Kleine Anzeichen dafür fallen ihm jetzt plötzlich aus mehreren Begegnungen mit diesem Mitarbeiter ein, die in den vergangenen Wochen stattgefunden haben. Bisher hat er diese Anzeichen völlig übersehen. Am nächsten Tag führt er mit dem Betreffenden sofort ein Gespräch. Dabei gelingt es ihm, etliche Mißverständnisse zu klären.

Wie Sie Ihre Träume bewußt beeinflussen können

Wir sind unseren nächtlichen Träumen keineswegs so hilflos ausgeliefert, wie es manchmal scheint. Es gibt eine Reihe wirksamer Möglichkeiten, unsere Träume zu beeinflussen und sie zum Positiven hin zu verändern.

Traumbeispiel

Eine junge Frau träumt von Zeit zu Zeit immer wieder davon, daß Einbrecher in ihr Haus eindringen. Aber jedesmal, wenn es soweit ist, braucht sie nur ihre Hände zu Fäusten zu ballen und damit auf die Matratze zu klopfen. Sofort sind die Einbrecher verschwunden.

Manche Menschen beherrschen von sich aus Methoden, in das Handlungsgeschehen ihrer Träume einzugreifen. Wer nicht zu diesen Naturtalenten gehört, kann solche Techniken meist in verhältnismäßig kurzer Zeit erlernen. Es gibt mehrere unterschiedliche Methoden, wie Sie bewußt in das Geschehen Ihrer Nacht- und Wachträume eingreifen können. Eine genaue Beschreibung dieser Möglichkeiten finden Sie in den folgenden Kapiteln.

Luzides Träumen – wenn Sie im Traum wissen, daß alles nur ein Traum ist

Ein Traum ist dann luzid, wenn sich der Träumende bewußt ist, daß er träumt. Manchmal äußert sich dieses Bewußtsein einfach in dem Gedanken: Das ist ja nur ein Traum. Oft führt es aber viel weiter und löst alle Begrenzungen von Raum und Zeit auf. Denn sie gelten im Traum nicht. Im Traum ist alles möglich.

Träume vom Fliegen Sicherlich nicht zufällig träumen Menschen, die das luzide Träumen erlernt haben, besonders häufig vom Fliegen. Fliegen können gilt seit uralter Zeit als Symbol für das Überwinden aller Grenzen und Einschränkungen, denen wir in unserem Leben unterworfen sind. Flugträume können sich auch positiv auf unser Wachbewußtsein auswirken, weil sie uns ein Gefühl von Freiheit und Kraft geben, das sich bis in unseren Alltag hinein überträgt.

In der westlichen Kultur steht die Technik des luziden Träumens noch am Anfang. Die Yogis im Osten üben sie seit Jahrtausenden mit großem Erfolg aus.

In einem luziden Traum erfährt man alles viel wirklichkeitsgetreuer als in gewöhnlichen Nachtträumen. Die Wahrnehmung ist besonders lebhaft. Farben sind voll Kraft. Klänge, Geräusche, Geschmacks- und Geruchswahrnehmungen, Tastgefühl, Wärme- und Kältesinn, Schmerz- und Bewegungsempfindungen – das alles erleben die Träumenden ungewöhnlich lebendig und naturgetreu.

Die Erinnerung an luzide Träume bleibt im wachen Leben besonders klar und deutlich erhalten. Sie wirkt oft ungewöhnlich anregend in den Alltag hinein.

Wenn Sie das luzide Träumen lernen möchten

Sie können lernen, sich im Traum bewußt zu werden, daß Sie träumen. Von da aus ist der Weg nicht weit, selbst in das Traumgeschehen einzugreifen. Auf diese Weise können Sie Angstträume zu einem positiven Schluß weiterträumen. Die folgende Übung hilft Ihnen auf dem Weg, Ihr Traumleben aktiv und kreativ zu gestalten.

Übung

**So können Sie unangenehme Nachtträume
in angenehme verwandeln**

Nehmen Sie sich einfach einige Wochen lang jeden Abend vor dem Einschlafen fest vor:

- Ich will mir in meinen Träumen bewußt werden, daß ich träume.
- Ich kann in das Geschehen meiner Träume eingreifen, wenn ich will.
- Ich führe meine Träume, wenn sie unangenehm sind, zu einem positiven Schluß.

Viele Menschen erlernen die Technik des luziden Träumens in kurzer Zeit. Anderen wiederum bereitet sie zunächst Schwierigkeiten. Wenn Sie den Eindruck haben, sich mit dieser Technik nicht so gut anfreunden zu können, so quälen Sie sich bitte nicht unnötig. Denn Ihre Traumarbeit soll Ihnen Freude bereiten. Wenden Sie sich am besten erst einmal der nächsten zu. In diesem Buch finden Sie eine Fülle geeigneter Methoden, wie Sie sich mit Ihren Träumen wirksam auseinandersetzen können.

Bei den folgenden, hier beschriebenen Methoden aktiver Traumarbeit geht es darum, Wachträume in tief entspanntem Zustand herbeizuführen.

In wachem Zustand träumen – wie geht das?

Wachtraumarbeit läßt sich auf unterschiedliche Weise anwenden. Zum einen können Sie damit nächtliche Angstträume zu einem positiven Schluß führen und so Ängste auflösen, die Sie in Ihrer Lebensentfaltung hindern. Zum anderen können Sie im Wachzustand auf Traumreise gehen und vollständige Träume oder Traumserien erleben. Diese Art des Wachträumens eignet sich besonders gut, um

- alte Angstblockaden in Ihrem Inneren aufzulösen,
- Ihre Kreativität voll zu entfalten,
- persönliche oder berufliche Probleme in einer Art Krisenmanagement zu lösen.

Voraussetzung für Wachtraumarbeit ist, daß Sie zunächst einen Zustand tiefer Entspannung herbeiführen. Dazu gibt es mehrere verschiedene Methoden. Meditative Techniken eignen sich ebenso wie das autogene Training oder die Entspannung über den Atem. In den folgenden Kapiteln sind die wichtigsten Entspannungsmethoden dargestellt. Suchen Sie sich eine Methode, die Ihnen besonders zusagt. Üben Sie mehrere Wochen lang jeden Tag, sich nach dieser Methode zu entspannen. Wenn Sie den Zustand tiefer Entspannung erreichen, ist es an der Zeit, mit der eigentlichen Wachtraumarbeit zu beginnen.

Entspannungsübungen als Voraussetzung für die Wachtraumarbeit

Wachträume entfalten ihre heilende, das innere Wachstum fördernde Kraft am besten, wenn man im Zustand tiefer Entspannung auf Traumreise geht.

Das autogene Training   In den Klöstern des Ostens wie des Westens praktizierten die Mönche seit vielen Jahrhunderten meditative Entspannungsmethoden mit großem Erfolg. Das autogene Training ist mit diesen Methoden eng verwandt. In unserer westlichen Kultur ist es heute als Hilfe gegen Streß weit verbreitet. Millionen von Menschen in Europa und Amerika wenden es mit großem Erfolg an. Entspannung durch autogenes Training läßt sich leicht erlernen und wird überall an Volkshochschulen und ähnlichen Bildungseinrichtungen gelehrt.

Das autogene Training hat der deutsche Nervenarzt Professor Dr. J. H. Schultz entwickelt. Es ist imstande, das gesamte vegetative Nervensystem und damit auch die Funktion sämtlicher Organe positiv zu beeinflussen. Damit eignet es sich besonders gut zur Vorbeugung gegen streßbedingte Erkrankungen, ebenso wie zu ihrer erfolgreichen Behandlung. Alle von Schultz beobachteten Patienten und Versuchspersonen erlebten ein starkes, angenehmes körperliches Empfinden von Schwere und Wärme, ausgelöst durch Muskelentspannung und eine Erweiterung der Blutgefäße. Dies wiederum führt zu einer besseren Durchblutung des gesamten Organismus. Aber es bleibt nicht alleine bei diesen meßbaren körperlichen positiven Veränderungen, sondern zugleich beruhigt sich das gesamte Nervensystem. Körper und Seele hängen nun einmal eng zusammen. Schlafstörungen, Muskelverspannung, Kopfschmerzen und viele andere psychisch bedingte Gesundheitsstörungen lassen sich durch regelmäßige Anwendung des autogenen Trainings positiv beeinflussen.

Heute wird dieses Verfahren bereits in vielen Krankenhäusern und Reha-Kliniken eingesetzt, um den Patientinnen und Patienten ein wirksames Mittel gegen Streß an die Hand zu geben. Der besondere Wert liegt darin, daß autogenes Training Hilfe zur Selbsthilfe ermöglicht. Jeder nimmt dabei seinen Heilungsprozeß selbst in die Hand und hängt nicht länger von den Maßnahmen der Experten ab. Unzählig viele Menschen, angefangen bei den Spitzensportlern bis hin zu erfolgreichen Industriemanagern oder Künstlern und Stars aller Branchen nutzen inzwischen die Vorteile dieser Entspannungsmethode, um ihre Kräfte in entscheidenden Situationen voll einsetzen zu können.

Am besten läßt sich Entspannung erlernen, wenn man nicht gerade mitten in einer akuten Lebenskrise oder Krankheit steckt. Das Üben in ruhigeren Zeiten fällt den meisten Menschen leichter. Es entwickelt sich dann zur festen Gewohnheit, etwa wie das Zähneputzen. Aber nichts soll beim Üben erzwungen werden. Es geht eher darum, Dinge einfach geschehen zu lassen.

Wer einmal die großartigen Möglichkeiten des autogenen Trainings oder anderer Entspannungstechniken für sich erfahren hat, mag meist nicht mehr auf sie verzichten. Die Grundhaltung zum Leben und zu sich selbst verändert sich hin zu mehr Gelassenheit und Freude, selbst an den kleinen Dingen des Lebens.

Bewußtes Atmen als meditative Übung Die Zahl zur Entspannung geeigneter meditativer Übungen ist sehr groß. Und es gibt eine Fülle von Literatur als Hilfe zum Meditieren. In diesem Buch soll eine meditative Grundübung dargestellt werden, die besonders leicht zu erlernen ist und dennoch stark entspannende Wirkung hat. Sie hilft, im Augenblick zu leben, sich voll auf die Gegenwart einzulassen, anstatt sich ständig aufzuspalten, mit einem Blick im Gestern zu haften und mit dem anderen schon an morgen zu denken.

Am Anfang ist es gut, sich zum Üben an einen ruhigen und störungsfreien Ort zurückzuziehen. Setzen Sie sich für zunächst etwa fünf Minuten ganz entspannt hin. Legen Sie Ihre Hände locker auf die Oberschenkel, und schließen Sie die Augen. Später können Sie die Übung ohne weiteres auf 20 Minuten oder eine

Übung

Atemübung

Wenn Sie einatmen, sagen Sie: »Beim Einatmen weiß ich, daß ich einatme.« Und wenn Sie ausatmen, sagen Sie: »Beim Ausatmen weiß ich, daß ich ausatme.« Das genügt. Sie nehmen Ihr Einatmen als Einatmen und Ihr Ausatmen als Ausatmen wahr. Sie brauchen sich nicht ständig den ganzen Satz zu sagen. Die beiden Worte »ein« und »aus« genügen schon. Diese Technik ist eine sichere Hilfe, bewußt in Fühlung mit dem eigenen Atem zu kommen. Und über den Atem strömt nun einmal unsere Lebensenergie. Während des Übens wird Ihr Atem ruhig und sanft werden. Körper und Geist werden dann ebenfalls ruhig und sanft. Die Übung ist nicht schwer. Schon nach kurzer Zeit werden Sie an sich selbst bemerken, daß Sie den Zustand tiefer Entspannung erreichen und Ihre Meditation Früchte trägt.

halbe Stunde ausdehnen. Sie läßt sich mühelos sogar beim Gehen in der freien Natur anwenden.

Einatmen und Ausatmen sind lebenswichtig. Und zugleich kann uns das Atmen viel Freude bereiten. Wir können es genießen. Unsere Atmung verbindet Körper und Geist. Manchmal denkt der Kopf an irgend etwas, und der Körper tut etwas völlig anderes. Geist und Körper sind dann keine Einheit. In der meditativen Atemübung führen Sie Körper und Geist zusammen. Beide werden wieder eins. Das bewußte Atmen baut dabei eine wichtige Brücke.

Unangenehme Nachtträume in wachem Zustand in positive verwandeln

Wenn Sie den Zustand meditativer Entspannung herbeiführen können, haben Sie alle Voraussetzungen für eine kreative Traumarbeit geschaffen. In Ihrer Meditation können Sie nun dazu übergehen, sich angstbesetzte Traumszenen vor Ihrem inneren Auge vorzustellen und sie zu einem positiven Schluß umzuträumen, ähnlich wie die Senoi das bei ihrer – bereits beschriebenen – Traumarbeit so erfolgreich betreiben.

Begegnungen mit furchterregenden Gestalten

Begegnen Sie auf Ihrer Traumreise irgendwelchen angsterregenden Gestalten, ganz gleich, ob es sich dabei um Tiere oder Menschen handelt, so ist es gut, wenn Sie nicht weglaufen. Versuchen Sie, hinzuschauen und Kontakt zu diesen Gestalten aufzunehmen, auch wenn es schwerfällt. Füttern Sie diese Gestalten, streicheln Sie sie, oder sprechen Sie mit Ihnen. Die Monster verlieren dabei meist schon bald viel von ihrer Bedrohlichkeit. Dabei begegnen Sie Ihrer eigenen Angst, die sich symbolhaft verkleidet darstellt.

Übung

Wie Sie unangenehme Nachtträume in wachem Zustand zu einem positiven Schluß weiterträumen können

- Entspannen Sie sich zunächst tief nach einer der obengenannten Methoden.

- Führen Sie sich im Zustand tiefer Entspannung eine Szene aus einem Ihrer Angstträume als Bild vor Augen.
- Phantasieren Sie nun diese Szene zu einem positiven Schluß weiter. Schauen Sie das angsterregende Wesen oder Objekt genau an. Laufen Sie nicht weg. Oft wird die Angst mit dem Hinschauen schon geringer.
- Nehmen Sie Kontakt auf zu diesem Wesen. Gehen Sie näher heran. Sprechen Sie es an. Fragen Sie, wer es ist und was es von Ihnen will.
- Wenn es möglich ist, bieten Sie diesem Wesen etwas zu essen oder zu trinken an.
- Fassen Sie, wenn möglich, dieses Wesen vorsichtig an. Streicheln Sie es.
- Rufen Sie Helfer herbei, wenn Sie es sich alleine nicht zutrauen, mit dem Wesen fertig zu werden. Ihre Helfer können Tiere sein, Ihr Krafttier zum Beispiel, aber auch Menschen. Oft ist es ein alter Mann, der alte Weise, der als Helfer erscheint und Rat weiß.
- Danken Sie Ihren Helfern, daß sie Ihnen geholfen haben.
- Beenden Sie Ihre Übung jedesmal, indem Sie in Ihrem Inneren bis drei zählen, aus Ihrer Entspannung zurückkehren und sich dann recken und strecken und Ihre Muskeln bewußt einmal kräftig anspannen.

Wie Sie ganze Träume in wachem Zustand erleben können

In tief entspanntem Zustand lassen sich nicht nur Nachtträume fortsetzen und verändern, auf die gleiche Weise können Sie bei vollem Wachbewußtsein auch ganze Träume erleben. Am besten probieren Sie es selbst mit der folgenden kleinen Einstiegsübung aus.

Übung

Anfangsübung für Wachtraumreisen

- Entspannen Sie sich zunächst wieder tief nach der Ihnen vertrauten Methode.
- Stellen Sie sich nun das Bild einer Blume vor.

- Achten Sie darauf, welche Farbe die Blume hat und an welchem Ort sie steht. Schauen Sie genau hin. Vielleicht gelingt es Ihnen, die Blume anzufassen oder an der Blüte zu riechen.
- Gehen Sie möglichst in das Bild hinein und handeln Sie ganz so, wie Ihnen zumute ist.
- Beenden Sie Ihre Übung wieder, indem Sie in Ihrem Inneren bis drei zählen.
- Recken und strecken Sie sich bei Ihrer Rückkehr aus der Entspannung ganz nach Belieben.

In Ihren nächsten Wachtraumübungen können Sie nun im Zustand tiefer Entspannung auf eine Wiese gehen oder einen Bach entlanglaufen bis zu seiner Quelle oder seiner Mündung. Oder Sie lassen sich einen Waldrand vor Ihrem inneren Auge auftauchen und warten, was dort geschieht. Auf Seite 160 f. finden Sie viele weitere Themenvorschläge für Ihre Wachtraumreisen. Die ganze reiche Welt Ihrer inneren Bilder steht Ihnen dabei offen.

Die Beschaffenheit der inneren Bilder

Die inneren Bilder, die Sie auf solchen Phantasiereisen erleben, unterscheiden sich nicht grundsätzlich von denen in nächtlichen Träumen. Manchmal spiegeln sie sicherlich auch aktuelle Lebensprobleme wider. Aber meist greift das Wachtraumerleben bei Erwachsenen bis in frühe Zeiten zurück. Wir sehen Bilder, die unsere ganze Persönlichkeit mit starker Kraft anreichern. Oder beim Noch-einmal-Erleben problematischer Szenen aus unserem Leben lösen sich alte Konflikte, die nicht spurlos an uns vorübergegangen sind. Wir können sie dann besser loslassen. Die in ihnen gebundene Energie wird frei und steht uns wieder voll zur Verfügung.

Eine 35jährige Frau, selbst Mutter von zwei Kindern, schleppt noch immer den Ballast einer sehr schwierigen Beziehung zu ihrer Mutter mit sich herum, ohne daß es ihr bewußt wäre. Sie wundert sich nur, daß sie sich in letzter Zeit zunehmend nervös und oft schnell erschöpft fühlt.

Auf der Symbolebene begegnet sie in märchenähnlichen Bildern ihrer Mutter als Hexe. Es gelingt ihr dabei, sich mit ihr auseinanderzusetzen und Mauern abzubauen, die diese Beziehung belasten.

Übung

Die einzelnen Schritte der Wachtraumübung

Wählen Sie für Ihre Wachtraumübung eine Zeit, zu der Sie nicht gestört werden.

- Stellen Sie Türklingel und Telefon ab, und sorgen Sie dafür, daß innerhalb der nächsten 30 bis 45 Minuten kein Termindruck irgendwelcher Art entstehen kann.
- Setzen Sie sich in einen Sessel, oder legen Sie sich hin, so daß Sie es bequem eine Weile aushalten können.
- Öffnen Sie enge Gürtel oder andere beengende Kleidungsstücke.
- Schließen Sie die Augen.
- Schalten Sie Ihre Kassette mit entspannender Musik oder mit dem gesprochenen Text Ihrer Übung ein, falls Sie eine solche benutzen.
- Entspannen Sie sich tief nach der Ihnen vertrauten Methode.
- Wenn Sie den Zustand tiefer Entspannung erreicht haben, stellen Sie sich eine Blume vor. Schauen Sie diese Blume genau an. Achten Sie auf ihre Farbe, den Zustand der Blätter, der Blüte, des Stengels, aber auch auf die Umgebung, in der sich die Blume befindet.
- Wenn Sie diese Übung beherrschen, können Sie in einer Ihrer nächsten Übungen auf Wachtraumreise gehen. Stellen Sie sich dazu eine Wiese vor, einen Waldrand oder einen Bach. Weitere Reisemotive finden Sie zusammengefaßt auf Seite 160 und 161.
- Wenn Ihnen auf Ihrer Traumreise unangenehme Gestalten begegnen sollten, laufen Sie nicht weg. Schauen Sie sie fest an, sprechen Sie mit ihnen, fragen Sie, wer sie sind und was sie von Ihnen wollen. Geben Sie Ihnen etwas zu essen oder zu trinken, streicheln Sie sie, wenn das möglich ist. Gehen Sie

mit diesen Gestalten so um, wie Sie das bei der Fortsetzung eines unangenehmen Traumes erfahren haben (Seite 127).

- Kehren Sie aus Ihrer Tiefenentspannung zurück, indem Sie bis drei zählen. Öffnen Sie dann die Augen, recken und strecken Sie sich, ganz wie Sie wollen, und spannen Sie dabei Ihre Muskeln kurz an.

Das Traumtheater in Ihrem Inneren

Stellen Sie Ihre Träume im Rollenspiel dar

Erinnern Sie sich an die Spiele Ihrer Kindheit? – Kinder lieben Rollenspiele. Alle diese Vater-Mutter-Kind-Spiele, die Jagd- und Fangspiele, Verstecken, Budenbauen und was es sonst noch gibt, haben ihren vernünftigen Sinn. In der unverbindlichen Form des Spiels üben Kinder Verhaltensmuster ein, die sie für ihr späteres Leben als Erwachsene brauchen. Kinder erproben in ihren Rollenspielen auch Verhaltensmodelle, die sie selbst erlebt und unter denen sie gelitten haben. Im Spiel wagen sie es, neue Strategien anzuwenden, von denen sie noch nicht wissen, ob sie taugen. Und im Spiel sind sie bereit, alte Verhaltensmuster aufzugeben, wenn sie spüren, daß diese ihnen nicht weiterhelfen.

In der Traumarbeit greifen wir auf das Rollenspiel zurück. Das szenische Darstellen von Träumen eignet sich besonders, um unterschiedliche Seiten der eigenen Persönlichkeit wahrzunehmen und sie miteinander in Einklang zu bringen. Denn wir bestehen in unserem Inneren keineswegs aus einem Guß, vielmehr prallen dort unterschiedliche Interessen aufeinander, die sich manchmal nur schwer in Einklang bringen lassen. Wenn wir die Traumbühne betreten, erhält jeder dieser Anteile eine Rolle, in die er schlüpfen kann. In dieser Rolle drückt er seine Interessen aus, seinen Schmerz, seinen Frust, seine Freude, seine Ängste und Wünsche. Jede Person, die in unseren Träumen vorkommt, ist ein Teil von uns selbst. Im Rollenspiel bekommt dieser Anteil die Möglichkeit, sich deutlicher zu zeigen.

Seien Sie Ihr eigener Regisseur

Wenn Sie in einer Gruppe gemeinsam an Ihren Träumen arbeiten, sind meist genügend Personen da, um alle Rollen der Gestalten aus einem Traum zu besetzen. Natürlich dürfen auch Sie selbst bei dem Rollenspiel mitwirken. Der Träumende sollte sich immer die Rolle aussuchen dürfen, die er gerne spielen möchte. Wenn Sie selbst nicht mitspielen wollen, so ist das auch in Ordnung. Dann könnten Sie die Rolle des Regisseurs übernehmen. Denn Sie haben den Traum erlebt. Sie wissen also am besten, wie er richtig dargestellt werden soll. Spielen Sie ruhig jeden Traum mehrmals durch. Die Besetzung der Rollen kann dabei wechseln. Mit der Zeit werden Sie so immer stärker in die Rolle Ihres inneren Regisseurs hineinwachsen, der selbst die Steuerung seiner Träume übernimmt.

Gespräche über das Rollenspiel
Im Anschluß an jeden Spieldurchgang ist es wichtig, über das gerade gemeinsam erlebte Rollenspiel zu sprechen. Dabei könnten folgende Fragen im Vordergrund stehen:

- Wie haben sich die einzelnen Darsteller in ihrer Rolle gefühlt?
- Gab es Schwierigkeiten beim Spiel?
- Erkennt der Betreffende seinen Traum wieder?
- Oder haben sich Veränderungen eingeschlichen, die er nicht akzeptieren kann?

In einem weiteren Spieldurchgang lassen sich die Ergebnisse dieses Gesprächs berücksichtigen. Auf diese Weise lernt man am besten unterschiedliche Sicht- und Reaktionsweisen kennen, die zur Lösung des im Traum dargestellten Problems führen können.

Rollenspiel alleine

Träume lassen sich keineswegs nur in der Gruppe durch Rollenspiel darstellen. Auch wenn Sie sich alleine mit Ihren Träumen auseinandersetzen, können Sie die Chancen des Rollenspiels voll nutzen. Das geht ganz einfach: Stellen Sie für jede Person, die in Ihrem Traum vorkommt, einen Stuhl in einem Kreis auf. Dann nehmen Sie selbst auf einem der Stühle Platz. Nun spielen Sie selbst jede der einzelnen Personen aus Ihrem Traum. Zwischendurch können Sie natürlich den Platz wechseln, wenn Sie aufgrund der Entwicklung des Traumgeschehens in eine andere Rolle schlüpfen müssen, weil sich beispielsweise ein Dialog zwischen zwei Personen aus Ihrem Traum entwickelt.

Vielleicht kommen Sie sich im ersten Augenblick ein wenig merkwürdig vor, wenn Sie ganz allein in Ihrem Stuhlkreis sprechen und handeln. Aber Sie werden sich sehr schnell an diese Situation gewöhnen. Und es hat auch Vorteile, wenn Ihnen bei Ihren ersten Spielversuchen niemand zuschaut. Der Erfolg lohnt sich. Sie werden sehen, diese Art der Traumarbeit verhilft Ihnen zu mehr innerer Klarheit bei der Bearbeitung und Lösung Ihrer Probleme.

Nicht jeder Traum eignet sich fürs Traumtheater

Nicht jeder Traum läßt sich auf der Bühne Ihres Traumtheaters darstellen. Manche Träume sind eher Momentaufnahmen. Sie enthalten wenig oder keine Handlung, oder im Traumgeschehen kommt nur eine einzige Person vor. Dennoch kann ihre Botschaft ebenso wichtig sein wie die eines Traumes mit viel Dramatik. Nur stehen hier andere Techniken der Traumarbeit im Vordergrund.

Zusammenfassung

Wenn Sie Ihre Träume im Rollenspiel darstellen möchten

- In der Gruppe sollte sich der Betreffende immer die Rolle selbst aussuchen dürfen, die er spielen möchte.
- Er kann auch die Rolle des Regisseurs übernehmen und eingreifen, wenn er mit dem Spiel der anderen nicht einverstanden ist, weil es seinem Traum nicht entspricht.
- Spielen Sie jeden Traum ruhig mehrmals. Ändern Sie dabei die Besetzung der einzelnen Rollen.
- Nach jedem Spieldurchgang findet ein Gespräch statt. Die Darsteller sprechen darüber, wie sie sich in ihrer Rolle fühlten und welche Schwierigkeiten während des Spiels auftraten.

Schaffen Sie sich Ihr persönliches Traumlexikon

Träume sprechen in symbolhaft verschlüsselten Bildern. Dabei greift unser Unbewußtes meist auf Bilder zurück, die überall in der westlichen Kultur die gleiche Bedeutung haben. Oft handelt es sich dabei um Bilder aus dem kollektiven Unbewußten der Menschen. Doch ein Rest an Traumbildern bleibt, deren Bedeutung wir selbst schaffen. Sie kann bei jedem Menschen unterschiedlich sein.

Damit Sie die für Sie selbst zutreffende Bedeutung einzelner Traumsymbole besser erfassen, empfiehlt es sich, ein Lexikon mit Ihren persönlichen Traumbegriffen anzulegen. Dafür gibt es zwei Möglichkeiten:

Zettel einkleben Einmal können Sie Ihre persönlichen Traumbedeutungen auf kleine Zettel notieren und sie in Ihr Traumlexikon legen, heften oder kleben – jeweils an die Stellen, wo diese Symbole beschrieben sind. Auf die gleiche Weise läßt sich übrigens Ihr Traumlexikon um Begriffe ergänzen, die nach Ihrer Meinung darin fehlen. Die Welt der inneren Bilder ist so reichhaltig, daß selbst das größte und beste Traumlexikon niemals alle Traumsymbole enthalten kann.

Zettelkartei anlegen Die zweite Möglichkeit, sich ein persönliches Traumlexikon zu schaffen, ist: Sie legen sich eine Kartei aus kleinen Zetteln an. Darin schreiben Sie alle Traumbegriffe mit persönlichen Bedeutungen auf, die in Ihren Träumen vorkommen. Ordnen Sie diese Zettel nach dem Alphabet.

Beide Methoden, sich ein persönliches Traumlexikon anzulegen, haben zusätzlich noch den Vorteil, daß alle selbst erarbeiteten Traumbedeutungen besser im Gedächtnis haften bleiben als solche, die wir nur gelesen haben. Ihr Traumwissen vergrößert sich auf diese Weise schnell.

Persönliche Traumsymbole verändern ihre Bedeutung manchmal im Laufe der Zeit
Mit der Zeit können Sie übrigens gut vergleichen, ob sich Ihre persönlichen Traumbedeutungen verändern oder gleichbleiben. Wenn Ihnen Veränderungen auffallen, so können Sie daran häufig Fortschritte in Ihrer persönlichen Entwicklung ablesen. Das gilt beispielsweise, wenn ein Traumbild zunächst eine negative Bedeutung hat, sich aber im Laufe der Traumarbeit zum Positiven hin wandelt.

Traumbeispiel

Eine 48jährige Frau sieht zu Beginn Ihrer Traumarbeit immer wieder Bäume in ihren Träumen, deren Blätter abfallen oder deren Nadeln gelb verfärbt sind. Nach mehreren Monaten verändern sich diese Bilder. Die Frau hat sie in wachem, meditativ entspanntem Zustand immer wieder eingestellt. Sie ist in das Traumgeschehen hineingegangen, hat mit den Bäumen darüber gesprochen, was ihnen fehlt. Sie hat ihre Hände auf die Baumstämme gelegt, Gräben um die Wurzeln herum angelegt und die Bäume bewässert. Allmählich verändern die Bäume ihr Aussehen in den Nacht- und Wachträumen. Sie treiben neue Blätter. Die Nadeln nehmen eine satte grüne Farbe an. Gleichzeitig beobachtet diese Frau Veränderungen bei sich selbst. Sie fühlt sich in ihrem wachen Leben körperlich und psychisch frischer, leistungsfähiger, während sie Monate zuvor oft müde, reizbar und depressiv war.

Konfliktbewältigung durch Traumarbeit – Beispiele typischer Lebenskrisen und Lösungshilfen

Das menschliche Leben ist so vielfältig, daß sich die Zahl der denkbaren Lebenskrisen in diesem Buch auch nicht annähernd vollständig beschreiben läßt. Das gilt erst recht für die Lösung solcher Krisen mit Hilfe der Traumarbeit. Wie jeder Mensch sich von allen anderen unterscheidet, so gleicht auch keine Lebenskrise der anderen. Wir müssen deshalb hier eine Auswahl treffen und uns damit begnügen, bestimmte Grundtypen vorzustellen. An ihnen soll mit Hilfe von Beispielen der typische Ablauf gezeigt werden. Und es lassen sich Lösungsmodelle entwickeln, wie typische Lebenskrisen mit Hilfe der Traumarbeit bewältigt werden können.

Geburtskrisen

Schon der Eintritt in dieses Leben ist mit einer ersten ernsthaften Lebenskrise verbunden. In unserem Bewußtsein haftet zwar kaum eine Erinnerung daran, aber unser Unbewußtes hat jede Wahrnehmung, jeden Schmerz gespeichert. In unseren Träumen begegnen wir diesen alten, scheinbar längst vergessenen Eindrücken oftmals wieder, weil sie eben doch nicht erledigt sind.

Woher man von den Schmerzen und Lebenskrisen des Babys während der Geburt weiß? Ganz einfach: aus den Träumen.

Das Kind wird, oft stundenlang, durch den engen Geburtskanal gepreßt. Damit verbunden sind massive Ängste und Gefühle von Lebensbedrohung. In den Träumen spiegeln sie sich als Bilder von Verschlungen-Werden, in einem Trichter hoffnungslos festzusitzen, in der Hölle zu schmoren. Menschen, die den Mangel an Erfüllung in ihrem Leben fortdauernd empfinden, sind oft mit diesem Geburtstrauma und der damit zusammenhängenden Todesangst nicht fertiggeworden. Mit Hilfe der Wachtraumarbeit ist es möglich, ihre Angstbilder zunächst neu zu beleben und sie schließlich aufzulösen. Wo das gelingt, spüren die Betroffen die Energie des Lebensflusses neu in sich, und es gelingt ihnen oft zum erstenmal, sich vorbehaltlos an ihrem Dasein zu erfreuen.

Kindheitskrisen

So unterschiedlich die Ängste der einzelnen Kinder sind, so verschieden stellen sie sich auch in ihren Träumen dar (Harnisch, 1995). Da ist die Angst vor der Dunkelheit und vor dem Alleinsein, die in Kinderträumen einen sehr breiten Raum einnimmt; die Angst vor dem Tod des Lieblingstiers, der Eltern oder gar vor dem eigenen Tod. Und immer stärker spiegelt sich in den Kinderträumen inzwischen auch die Angst vor der Zerstörung des Lebensraums Erde und vor einem möglichen Atomkrieg wider. Trotz dieser scheinbaren Vielfältigkeit läßt sich ein durchgehendes Grundmotiv, ein gemeinsamer Nenner, in den Angstträumen der Kinder erkennen: die Angst vor Trennung und vor dem Verlassen-Werden.

Verunsicherung und zu wenig Geborgenheit drückt der folgende Traum eines Mädchens nach der Scheidung seiner Eltern aus. Dieser Traum wiederholte sich über viele Jahre bis in das Erwachsenenalter hinein.

Traumbeispiel

»Ich träumte immer wieder, daß unser Haus brennt. Das Feuer brach oben im Dachstuhl aus. Ich erinnere mich, daß ich schon als Kind mit schrecklicher Angst aus diesem Traum erwachte und dann nicht so schnell aus meinem Gitterbett herauskommen konnte. Ich hatte Schwierigkeiten, mich zu orientieren, und meinte, das Haus brenne wirklich. Dieser Traum kehrte jahrelang immer wieder. Er setzte mir so zu, daß ich später, als ich in den Ferien zu Besuch bei Verwandten war, meinen Koffer nicht auspacken wollte.«

Dasselbe Traumthema meldete sich im Erwachsenenalter heftig wieder, nachdem tatsächlich ein Feuer in einer Wohnung des Hauses ausgebrochen war, das diese Frau mit ihrem Mann bewohnte.

Traumarbeit mit Kindern – konkrete Hilfen

Letztlich ist es nicht möglich, Kinder vor Verletzungen, Schmerzen, Trennungen, Unfällen oder vor einer Katastrophe zu bewahren. Aber wir können achtsam ihren Träumen gegenüber sein, die Ängste und Verletzungen widerspiegeln. Es ist nicht so schwer, Kinder zu ermutigen, uns ihre Träume mitzuteilen, besonders ihre Angstträume. Wir können ihnen helfen, ihre Angstträume zu einem positiven Ende weiterzuträumen. Wenn sie im Traum abstürzen, können wir ihnen zeigen, wie sie sanft landen, wie sie fliegen lernen oder einen Haufen aus Stroh oder Matratzen errichten, der den Aufprall abfedert. Wenn sie von Monstern gejagt werden, können wir ihnen beibringen, wie sie die Bestien zähmen, indem sie mit ihnen sprechen, ihnen etwas zu fressen geben oder sie einfach nur anstarren, ähnlich wie jener Junge in Maurice Sendaks Kinderbuch »Wo die wilden Kerle wohnen« (Zürich 1967). Er zähmt die Traummonster mit einem Zaubertrick, indem er ihnen, ohne mit der Wimper zu zucken, in ihre gelben Augen starrt. Anhand solcher Literatur läßt sich Traumarbeit mit Kindern wunderbar durchführen.

Manchmal können Kinder ihre Träume besser mitteilen, indem sie sie nachspielen oder zeichnen. Ist das Monster erst einmal auf Papier gebannt, können Sie dazu ermutigen, einen Käfig drumherum zu zeichnen oder auf dem Bild Helfer hinzuzufügen. Indem Sie die Frage stellen: »Was kannst du tun, damit dieser Traum besser ausgeht?«, helfen Sie dem Kind, positive Bewältigungsstrategien zu entwickeln. Ihr Kind erfährt dabei zugleich, daß es mit seinem Angstproblem nicht alleine dasteht.

Richten Sie als feste Gewohnheit einmal in der Woche in Ihrer Familie einen »Traumtag« ein, an dem jeder seinen schönsten oder schlimmsten Traum oder alle beide erzählen darf. Sie können dann gemeinsam nach einer positiven Lösung der Angstträume suchen. So wird für Kinder deutlich, daß auch Erwachsene manchmal unter Ängsten zu leiden haben und daß schöne und häßliche Träume im Wechsel auftreten können. Das gibt Trost. Vor allem aber erleben sie bei einer solchen Art von Traumarbeit Vertrauen und Geborgenheit in ihrer Familie – eine Erfahrung, die Kindern heute oft am meisten fehlt.

Gehen Sie mit Ihren Kindern auf Phantasiereise. Kinder setzen sich dabei wirksam mit ihren Ängsten auseinander und lernen Strategien, damit umzugehen.

Probleme mit der Sexualität

Sexuelle Ängste trotz aller Aufklärung?

Die sexuelle Revolution hat stattgefunden. Wir leben im Zeitalter der totalen Aufgeklärtheit. Wo soll es da noch Probleme mit der Sexualität geben? Es gibt sie. Nur – ihre Ursachen sind andere geworden als in früheren Zeiten.

Unsere Einstellung zur Körperlichkeit hat sich während der letzten Jahrhunderte verändert. Sexualität war vor drei- bis sechshundert Jahren sehr viel öffentlicher als heute. Es galt früher durchaus als üblich, wenn fünf bis sechs Personen nackt oder ohne Nachthemd in einem einzigen Schrankbett schliefen. Man saß in öffentlichen Badehäusern gemeinsam mit anderen Fremden in derselben Badewanne und übernachtete in den Herbergen zusammen mit wildfremden Menschen in einem Bett. Auch der Vollzug sexueller Handlungen spielte sich vielfach in der Öffentlichkeit ab (in: Brocher: Angst, 2. Aufl., Stuttgart 1988, 144 ff.). Kaum jemand fand das ungewöhnlich.

Selbstverständlich gab es früher auch sexuelle Probleme. Aber sie waren anders beschaffen als heute. Es war eher die Angst vor sündigen außerehelichen Beziehungen, die durch Schwangerschaft und Geburt erkennbar würden. Andererseits waren aber durch die größere körperliche Offenheit auch die sexuellen Versuchungen größer.

Sexuelle Vollkommenheitsansprüche   Heute haben die Probleme mit der Sexualität eine ganz andere Beschaffenheit. Es sind eher Vollkommenheitsansprüche, die gerade den jungen Menschen zu schaffen machen. Sie beziehen sich auf die Angst, den Vorstellungen von sexueller Leistung nicht zu genügen. Zwar gab es auch früher schon bei Männern die falsche Vorstellung, ihre sexuelle Leistungsfähigkeit sei von der Größe ihres Penis abhängig. Ebenso glauben noch heute Frauen, ihre erotische Anziehungskraft werde durch die Größe ihrer Brüste bestimmt. Hinter solchen Ängsten stecken unsinnige Vorstellungen, die manche Medien nach wie vor verbreiten. Für viele junge Menschen entstehen daraus Phantasien von Superorgasmen, die nur ein Supermann oder eine Superfrau erreichen können. Damit gerät Sexualität schnell in den Bereich eines Leistungsdenkens, wie es für unsere Gesellschaft typisch ist. Da dieser unrealistisch hohe Leistungsanspruch aber nicht erreicht wird, treten Angst, Selbstzweifel und Enttäuschungen verstärkt auf. Angst vor der Sexualität führt dann häufig zu einer Flucht in sexuelle Phantasien anstatt zur notwendigen Auseinandersetzung mit der Wirklichkeit.

Sexuelle Angstphantasien   Die Angst junger Männer vor dem Verschlungen-Werden hält sich zäh über die Generationen hinweg, etwa in der Legende vom Scheidenkrampf, durch den das männliche Glied beim Verkehr eingeklemmt werden könne – ein in der Realität niemals vorkommendes Ereignis. In solchen Phantasien äußert sich die unbewußte Angst vor der Abhängigkeit und Macht der Frauen.

Umgekehrt besteht bei jungen Mädchen oft noch immer die Angst vor der Gewalt des eindringenden Gliedes beim ersten Verkehr, die mit Blut und Schmerzen verbunden sein könnte. Diese Angst hat auch eine Schutzfunktion. Sie signalisiert, daß für dieses Mädchen zu diesem Zeitpunkt und mit diesem Partner eine angstfreie Hingabe noch nicht möglich ist.

Solche Ängste treten erstaunlicherweise nach wie vor auf, obwohl die Heranwachsenden heute extrem aufgeklärt sind und ihr sexuelles Experimentierverhalten sehr viel früher beginnt als noch in der Generation ihrer Eltern.

Die Bilder sexueller Angstträume

Sexuelle Angstträume kommen in sehr unterschiedlichen Bildern vor. Sehr häufig treten bei jungen Männern wie bei jungen Mädchen Schlangenträume auf. Bei männlichen Jugendlichen verkörpern sie meist das eigene Geschlechtsorgan, bei jungen Frauen eher die Angst vor diesem Organ. Die Angst vor gefährlichen Stieren, Bullen oder ganzen Herden dieser Tiere kommt bei beiden Geschlechtern vor. In ihnen drückt sich die als überwältigend gefährlich empfundene Kraft der beginnenden Sexualität aus. Oft handeln die sexuellen Angstträume Jugendlicher davon, daß Früchte gegessen werden sollen, deren phallische Form deutlich sagt, was gemeint ist. Manchmal handelt es sich auch um Brötchen, die seit uralter Zeit Nachbildungen der männlichen oder weiblichen Geschlechtsorgane sind. Oft gibt es auch Feuerträume. In ihnen spiegelt sich das Angreifende, Verzehrende der Sexualität, aber auch die Glut dieses Lebensgefühls aus, das jetzt neu und noch beängstigend in das Leben dieses jungen Menschen tritt. Manche Jugendliche fühlen sich in ihren Träumen von den anderen ausgeschlossen, andere haben wilde Pferde zu bändigen, was ihnen nicht gelingen will. Viele träumen von Flußübergängen, bei denen die Brücke (zwischen der Kindheit und der Erwachsenenwelt) schwankend, zu schmal und ohne sicherndes Geländer ist. Häufig sind die Träumenden unangemessen oder überhaupt nicht bekleidet. Sie schämen sich deswegen.

Sexuelle Angstträume sind trotz der Vielfalt der Bilder, in denen sie sich darstellen, meist verhältnismäßig leicht zu deuten.

Traumbeispiel

Eine 15jährige träumt, als die Beziehung zu ihrem Freund intimer wird: »Ich bin beim Arzt und soll eine Spritze in den Po bekommen. Eigentlich fühle ich mich nicht krank. Als der Arzt mit der riesigen Spritze kommt, schreie ich und werde davon wach.«

Hilfen im Umgang mit sexuellen Angstträumen

- Sexuelle Angstträume kommen nicht nur bei Jugendlichen vor. Treten sie gehäuft im Erwachsenenalter auf, so können sie auf eine Störung hinweisen. Bestehen über einen längeren Zeitraum Schwierigkeiten im sexuellen Erleben, so empfiehlt es sich, therapeutische Hilfe in Anspruch zu nehmen.

- Als Eltern von Jugendlichen, bei denen öfter sexuelle Angstträume auftreten, könnten Sie ein offenes Gespräch suchen. Das ist allerdings nur dann sinnvoll, wenn eine genügend sichere Vertrauensgrundlage besteht. In einem offenen Gespräch lassen sich oft viele Unsicherheiten und Ängste auflösen, die in Zusammenhang mit dem Erleben der Sexualität auftreten.

- Wenn Sie unter wiederkehrenden sexuellen Angstträumen leiden, versuchen Sie sie zu einem positiven Ende zu führen. Das kann in Ihrer Wachvorstellung, vor allem aber im meditativen Entspannungszustand geschehen.

- Treten Träume vom Gejagt-Werden und von massiven Angriffen auf die eigene Persönlichkeit immer wieder auf, so kann darin ein Hinweis auf eine tatsächlich erlebte sexuelle Mißbrauchssituation liegen. Das gilt jedenfalls dann, wenn solche Angriffe im Traum mit dem Tod des Opfers enden. Bei sexuell mißbrauchten Frauen kommen häufig Träume von Einbrechern oder Eindringlingen vor. Orte des Geschehens sind dabei vor allem die Intimbereiche der Wohnung, beispielsweise das Schlafzimmer oder das Badezimmer. Sexueller Mißbrauch hinterläßt meist tiefe Spuren in der Psyche der Opfer. Deshalb ist es ratsam, die erlittenen Verletzungen in einer Therapie aufzuarbeiten.

Trennungs- und Scheidungskrisen

In Deutschland wird inzwischen ungefähr jede dritte Ehe geschieden, in Amerika bereits jede zweite, Tendenz steigend.

Mit einer Scheidung ist in jedem Falle eine ganze Kette von Ereignissen, von Ortsveränderungen und Eingriffen in bisher bestehende Beziehungsgeflechte verbunden. Das Leben aller davon Betroffenen verändert sich einschneidend und dauerhaft.

Scheidungsfolgen

Fast immer gibt es bei Scheidungen Gewinner und Verlierer. Ziemlich selten kommt es vor, daß es nach einer Scheidung allen Betroffenen besser geht. Wenn es geschieht, dann vor allem bei Familien, in denen langanhaltende Konflikte bestanden oder die Partner sich mit körperlicher Gewalt auseinandergesetzt haben. Doch in den allermeisten Familien profitiert einer der beiden Partner mehr davon als der andere. Meist geht es dem Partner, der die Scheidung betreibt, hinterher besser. Für den anderen Partner aber kann sie tragische Auswirkungen haben, die sich oft noch bis zu zehn, zwölf oder gar fünfzehn Jahre später zeigen (Wallerstein/Blakeslee 1992, S. 7 f., 10 f.).

Mit der Scheidung verbunden sind fast immer Gefühle von Trauer, Enttäuschung und des Bedauerns, selbst bei dem Partner, für den die Scheidung zunächst eine Erleichterung bedeutete. Für Frauen sind die Monate unmittelbar vor und nach der Scheidung meist die härtesten. Bei Männern ist die Belastung eher schleichend und über einen längeren Zeitraum verteilt. Männer wie Frauen leiden auf gleiche Weise nach der Scheidung stark unter dem Eindruck, versagt zu haben. Sie fühlen sich sozial entwurzelt und verlieren ihr Selbstwertgefühl. Frauen empfinden sich häufig als unattraktiv und äußerst einsam. Im ersten Jahr nach der Scheidung ist das Anfälligkeitsrisiko für Krankheiten und für psychische Störungen besonders hoch. Es kommt sogar gehäuft zu Todesfällen jeder Art. Der Verlust eines Partners, der dem Leben Bedeutung gab, schafft in der Regel einen starken psychischen und körperlichen Streßzustand. Der gesamte Organismus gerät in hohe Alarmbereitschaft, so als ob das Leben bedroht sei.

Nach dem ersten Schock treten neben Angst meist auch Hilflosigkeit auf und ein Gefühl der Resignation, das dann den Nährboden für Depressionen bildet.

Das Bedürfnis nach Zuwendung

Obwohl die Zahl der freiwillig Alleinlebenden in unserer Gesellschaft ständig zunimmt, ist der Mensch offenbar doch eher als Gemeinschaftswesen angelegt. Das Bedürfnis nach Kontakt und nach Zuwendung bestimmt von frühester Kindheit an unser Leben. Untersuchungen bestätigen immer wieder, daß Menschen mit nur wenigen oder schlecht funktionierenden persönlichen Beziehungen einem größeren Unfall-, Krankheits- und Todesrisiko ausgesetzt sind. Auch findet man bei ihnen häufiger psychische Störungen.

Wie sich Trennungskrisen in den Träumen darstellen

Beträchtliche Unterschiede bestehen in der Art und Weise, wie Menschen mit der Trennungskrise umgehen. Davon hängt wiederum ab, wie schnell und wie sicher sie die Krise überwinden.

Krisenträume zeigen meist sehr deutlich, wie jemand mit der Trennungssituation umgeht. An den Träumen läßt sich klar erkennen, ob Resignation vorherrscht oder aber die Bereitschaft, sich aktiv mit der schwierigen Lebenssituation auseinanderzusetzen und so – von neuem oder jetzt zum erstenmal – den Weg zu einem erfüllten Leben zu finden.

Eine Frau, deren Partnerschaft nach Jahren zerbrach, ist im Begriff, ihr in der Krise angeschlagenes Selbstwertgefühl wiederzugewinnen.

Traumbeispiel

»Ich machte mit etwa 30 Leuten eine Abenteuerreise in Japan. Wir sollten einen Berg besteigen. Wir waren in einem Tal mit sehr steilen Bergwänden, und es war sehr, sehr neblig, niemand konnte irgend etwas sehen. Jeder tappte mit ausgestreckten Armen herum. Es sah aus, als ob wir schlafwandelten und versuchten, uns vorzutasten. Ich sagte schließlich: ›Das ist einfach lächerlich, ich will sehen, daß ich hier rauskomme.‹ Ich nahm also meine Arme wieder herunter und machte die Augen auf. Und ich fand einen Fels, der wie eine Treppe nach oben führte. Und schon fingen alle an zu streiten, wer als erster gehen sollte. Ich war der Meinung, ich sollte als erste gehen, weil ich sie entdeckt hatte. So fing ich an, die seitlich in den Berg hineingehauene Treppe hinaufzugehen, und alle folgten mir und stiegen hintereinander in einer Reihe langsam die Treppe hinauf. Ich weiß noch, daß ich mich am Anfang sehr ängstlich und nervös fühlte, aber als ich dann den Treppenaufgang gefunden hatte, fühlte ich mich sehr gut und ausgesprochen stark. Ich hatte das Gefühl, ich war die einzige, die das konnte. Ich mußte selbst den Weg nach oben finden. Und das tat ich« (Cartwright/Lamberg, 1996, S. 146).

Meditative Hilfen in Trennungskrisen

- Führen Sie zunächst wieder den Zustand tiefer Entspannung nach der Ihnen vertrauten Methode herbei.
- Stellen Sie sich nun Ihre Situation als Bild vor, vielleicht so, wie Sie sie in einem Traum gesehen haben, vielleicht auch ganz anders.
- Versuchen Sie, zu spüren, was Ihnen an Ihrer augenblicklichen Situation am meisten zu schaffen macht.
- Lassen Sie nun alle diese negativen Erfahrungen los. Stellen Sie sich als Bild vor, wie Sie den Schmerz durch Ihre Hände und Füße abfließen lassen.
- Verändern Sie Ihre Situation im Bild zum Positiven hin.
- Stellen Sie sich Ihre Situation, so, wie Sie sie sich wünschen, dabei möglichst konkret als Bild vor.
- Gehen Sie selbst in das Bild hinein. Gestalten Sie die Situation in ihrer Vorstellung aktiv.
- Wünschen Sie sich Helfer herbei, wenn Sie das Gefühl haben, Hilfe zu brauchen.
- Atmen Sie zum Schluß Ihrer Übung dreimal tief aus, und kommen Sie wieder zurück aus Ihrer Entspannung.
- Stellen Sie sich zu jedem Ihrer Krisenträume einen positiven Schluß vor. Dies kann in Ihrem Tagesbewußtsein geschehen. Noch stärker wirkt diese Vorstellung aber, wenn Sie sie regelmäßig in Ihren meditativen Übungen anwenden.

Krisen in der Familie

Wertewandel

Wir leben mitten in einer Zeit des Umbruchs. Alte Werte bröckeln. Und neue, die an ihre Stelle treten und uns Sicherheit geben könnten, sind nirgends so recht in Sicht. Im Vergleich zu anderen Völkern in anderen Erdteilen leben wir noch immer in gesicherten Verhältnissen. Woher stammt dann diese um sich greifende Angst? – Früher war es die Natur, die die Menschen unmittelbar bedrohte. Sie gilt heute als weitgehend beherrschbar, auch wenn sie es nicht immer ist. Andererseits gab es noch niemals zuvor eine Zeit, in der die Lebensgrundlagen der Natur so bedroht waren wie heute. Es gab auch noch nie eine Zeit, in der sich ein so gewaltiges Vernichtungspotential um die Menschen herum aufbaute wie heute. Und nie zuvor waren die Menschen einem so beschleunigten sozialen und technischen Wandel ausgesetzt, der die Beziehungen untereinander so kompliziert gestaltet wie heute.

Früher galt die Familie als Ort der Geborgenheit. Sie half den Menschen, ihre Ängste zu bewältigen. Zwar halten viele heute die Familie für ein Auslaufmodell. Aber sie erfüllt ihre angstmindernde Funktion noch immer – einerseits. Andererseits ist die moderne Familie vielfach zur Angstquelle geworden.

Angst vor Nähe und Angst vor Trennung

Die doppelte Aufgabe, einerseits Hafen in einer brutalisierten Welt zu sein, andererseits junge Menschen auf das Leben in einer solchen Welt vorzubereiten, scheint immer mehr Familien zu überfordern. So entwickelt sie sich selbst zur Quelle der Angst. Das geschieht auf zweierlei Weise.

Zum einen entlassen heute Familien ihre Kinder oft zu früh in eine rauhe Welt. Zu Recht spricht man hier von ausgestoßenen Kindern. Bei ihnen kann sich kein Urvertrauen entwickeln, daß Menschen mitfühlen, mitsorgen und helfen. Angst vor Nähe entsteht so. Denn Nähe bedeutet nun: verletzbar werden, sich anderen ausliefern, die eigene Identität aufs Spiel setzen. Die ausgestoßenen Kinder entwickeln Kontaktscheu wie streunende junge Katzen.

Zum anderen entwickelt die Familie zu stark festhaltende Tendenzen. Sie kettet junge Menschen an sich, gibt ihnen zuviel Fürsorge und verhindert auf diese Weise die Entwicklung zur Selbständigkeit. Auch so entsteht Angst in massiver Form. Die Familie gerät hier in Konflikt zwischen ihrer Schutzfunktion und ihrer Aufgabe, das Kind angemessen auf das Leben in der Welt vorzubereiten, andererseits. Die Angst, die hier entsteht, ist eher Angst vor Trennung, ist das Gefühl, allein nicht lebensfähig zu sein.

Wie sich Ablösungsprobleme von der Familie in den Träumen darstellen

Träume junger Menschen, in denen sich solche Trennungsängste wiederfinden, sehen etwa so aus:

Traumbeispiel

»Ich bin im Keller eines Hauses. Es könnte sich um mein Elternhaus handeln. Aber irgendwie sieht es auch wieder anders aus. Als ich die Treppe in den Keller herunterkomme, kommt mir aus dem Dunkel ein Ungeheuer entgegen. Es sieht aus wie ein Monster oder wie ein Drache oder wie Dracula. Mit seinen hornhäutigen Krallen umklammert es mich. Es will mich erwürgen. Ich bekomme keine Luft mehr und erwache schreiend. Ich glaube, ich habe tatsächlich geschrien.«

Die Mutter des jungen Mannes ist sehr bestimmend. Sie will nicht, daß er sein Zimmer in der Wohnung der Eltern aufgibt. Es sei doch viel einfacher für ihn hier und billiger auch, als wenn er sich ein Zimmer in der Stadt nähme, wo seine Arbeitsstelle liegt. Sie koche ihm außerdem das Essen und wasche seine Wäsche.

Der Vater ist vor mehreren Jahren gestorben, die älteren Geschwister sind aus dem Elternhaus ausgezogen, weil sie geheiratet haben. Die Mutter klammert sich an ihren Jüngsten, weil sie Angst vor der Einsamkeit hat.

In der Wachtraumarbeit setzt sich der junge Mann mit dem Ungeheuer aus seinem Traum auseinander. Er fragt es, wer es sei, er gibt ihm Heu zu fressen und streichelt das Tier, so unangenehm ihm das auch ist. Er berücksichtigt die wichtigsten Grundregeln, die im Traumumgang mit furchterregenden Wesen gelten:

Regeln

Regeln, wie Sie mit furchterregenden Wesen am besten umgehen, wenn sie Ihnen in Ihren Wachträumen begegnen

● Wenn Ihnen in Ihren Nacht- oder Wachträumen ein furchterregendes Wesen begegnet, ganz gleich, ob es sich um ein Tier oder ein eher menschenähnliches Monster handelt, laufen Sie niemals weg, denn die Angst würde Sie schnell wieder einholen. Schauen Sie das Bild genau an. Manchmal hilft alleine schon das Hinschauen, die Angst zum Verschwinden zu bringen.

● Sprechen Sie zu dem Monster. Fragen Sie, wer es ist und was es von Ihnen will. Manchmal antworten die Traummonster, manchmal auch nicht. Geben Sie ihm etwas zu essen. Streicheln Sie es. Meist verliert es dabei schon bald an Schrecken. Es wird friedlicher, verändert sein Aussehen hin zum Positiven, wird harmloser oder schläft ein.

● Verhalten Sie sich niemals aggressiv gegen ein furchterregendes Wesen, das Ihnen in Ihren Wachträumen begegnet. Denken Sie daran, daß es sich immer um Anteile Ihrer selbst handelt, die in Ihnen Angst auslösen.

● Wichtig ist in jedem Falle, daß Sie in Ihren Traum hineingehen und dort handelnd aktiv werden, also nicht lediglich passiver Zuschauer bleiben.

Regeln

Meditative Hilfen bei Ablösungsproblemen von der Familie
Übung 1

● Stellen Sie sich in tief entspanntem Zustand eine Szene aus einem Ihrer Träume vor, die Ihre Ablösungsproblematik widerspiegelt.

● Gehen Sie in Ihrer Vorstellung in das Bild hinein und verändern Sie die Situation zum Positiven.

● Wünschen Sie sich Traumhelfer herbei, wenn Sie den Eindruck haben, daß Sie diese Aufgabe nicht alleine schaffen. Danken Sie Ihren Helfern, wenn die Aufgabe im Traum gelöst ist.

Übung 2

* Stellen Sie sich die reale familiäre Situation, unter der Sie leiden, in tief entspanntem Zustand als Bild vor. Versuchen Sie, zu spüren, was Ihnen an dieser Situation am schwersten erträglich erscheint.
* Lassen Sie in Ihrer Vorstellung alle Ihre negativen Erfahrungen durch die Hände und Füße in den Boden abfließen.
* Stellen Sie sich nun vor, daß Ihr ganzer Körper in warmes Licht gehüllt ist.

Berufliche Krisen

Noch immer gehört unser Land zu den reichsten Ländern der Welt. Und doch bröckelt der Wohlstand. Arbeiten zu können ist längst keine Selbstverständlichkeit mehr.

Kampf um die vorhandene Arbeit

Der Konkurrenzkampf entwickelt immer härtere Gangarten. Flexibilität in jedem Lebensalter ist gefragt, Umdenken, Dynamik. Schon junge Menschen bangen heute, überhaupt den Einstieg in die Berufswelt zu finden. Und aller Voraussicht nach wird der Kampf um die vorhandene Arbeit angesichts radikaler Rationalisierungsmaßnahmen eher noch härter werden. Unsere Gesellschaft erwartet in Zukunft, daß jeder bereit ist, im Laufe seines Lebens mehrere Berufsausbildungen zu absolvieren. Der Strukturwandel in der Wirtschaft erfordert schnelle Reaktionen und Anpassungsfähigkeit auf dem Arbeitsmarkt. All das löst Ängste in den Menschen aus. In den Träumen selbst junger Menschen spiegeln sie sich wider.

Traumbeispiel

Ein 26jähriger träumt nach erfolgreichem Abschluß seines Studiums: »Ich bin in einer großen Stadt und gehe über den Marktplatz. Überall sind Stände aufgebaut. Die Verkäufer preisen laut schreiend ihre Waren an. Ich frage mich, was ich anzubieten habe. Ich suche nach einem leeren Stand, wo ich meine Erzeugnisse ausbreiten könnte. Aber ich finde keinen. Zweifel kommen in mir auf, ob ich überhaupt laut genug schreien kann. Denn wer am lautesten schreit, scheint auf diesem Markt Erfolg zu haben.«

Diesem Traum des jungen Mannes waren 36 erfolglose Bewerbungen vorausgegangen.

Ganz anders sind die beruflichen Probleme eines 55jährigen Mannes beschaffen, der den folgenden Traum erlebt.

Traumbeispiel

»Ich fahre mit meinem Wagen mit ziemlich hoher Geschwindigkeit eine kurvenreiche Bergstrecke entlang. Ich werde verfolgt. Mehrere schnelle Sportwagen sind hinter mir her. Sie wollen mich abdrängen oder überholen. Plötzlich verliere ich die Kontrolle über das Fahrzeug. Der Wagen schleudert, kommt von der Straße ab und wird im nächsten Augenblick in eine Schlucht stürzen. Ich erwache mit Panikgefühlen.«

Der Mann ist in seinem Beruf als Ingenieur sehr erfolgreich. Aber er spürt in letzter Zeit starken Druck durch jüngere Kollegen, von denen er annimmt, daß sie ihn mit neuen Ideen auf die Dauer von seiner Position verdrängen könnten. Seine Chefs hatten deren Einfälle und Projekte wiederholt gelobt und gefördert, während er mit seinen Ideen auf Ablehnung gestoßen war.

Fast immer sind es Männer, die unter dieser speziellen Art von Alpträumen leiden. Treten solche Träume wiederholt auf, so bedeuten sie ein ernsthaftes Warnsignal, im Leben einen Gang herunterzuschalten. Für den Träumenden könnte es lohnend sein, sich folgende Fragen zu stellen: Setze ich mich für meine berufliche Karriere zu stark ein? Fühle ich mich beruflich überfordert? Welche anderen Lebensziele außer meinem Beruf sind mir noch wichtig? Wäre es sehr schlimm, wenn ich beruflich etwas kürzer treten würde? Was kann mir beruflich schlimmstenfalls gesche-

hen? Gibt es für mich andere berufliche Aufgabenbereiche? Sind
meine Ängste, »abgehängt« zu werden, realistisch oder drücken
sie nur eine augenblickliche persönliche Krise aus, in der ich
mich befinde? Gibt es Möglichkeiten, mit meinen jüngeren Kollegen und Konkurrenten erfolgreich zusammenzuarbeiten?

Im Gespräch über diesen Traum in der Gruppe zeigt sich schnell,
daß der Mann an seinem Arbeitsplatz unter starkem Konkur-
renzdruck steht. Er fürchtet, jüngere Kollegen könnten ihn überholen. Ihre Kenntnisse sind auf dem neuesten Stand. Dieser Vorteil scheint durch die größere Erfahrung, über die er selbst ver-
fügt, nicht mehr voll ausgleichbar zu sein. Zwar sieht er keine
unmittelbare Gefahr, seinen Arbeitsplatz zu verlieren. Aber seine Chefs haben offenbar die Absicht, ihm jüngere Mitarbeiter
als Vorgesetzte zuzumuten, eine Situation, die er als Bedrohung
empfindet.

Übung

Meditative Übungen zur Lösung beruflicher Krisen

- Überlegen Sie, was in der augenblicklichen schwierigen Situa-
tion schlimmstenfalls geschehen kann.
- Stellen Sie sich in tief entspanntem Zustand Ihre augenblickli-
che Krisensituation als Bild vor. Wenn Sie ein solches Bild
schon aus Ihren Nachtträumen kennen, so stellen Sie sich je-
nes Bild vor.
- Gehen Sie in die Bildsituation hinein. Greifen Sie aktiv in das
Geschehen ein. Und wenn Sie nur jemandem deutlich Ihre
Meinung sagen, so kann sich alleine das schon positiv auf die
Veränderung Ihrer Krisensituation auswirken.
- Stellen Sie sich konkret als Bild vor, wie die Lösung Ihrer Krise
aussehen könnte.
- Bitten Sie irgendwelche Wesen, die Sie aus Ihren Träumen
kennen, Ihnen zu helfen. Solche Helfer können Menschen,
aber auch Tiere oder Fabelwesen sein.
- Danken Sie Ihren Helfern, ehe Sie aus Ihrem Wachtraum
zurückkehren. Dieser Dank gilt Anteilen Ihrer eigenen Persönlichkeit und hilft, in Einklang mit ihnen zu leben.

Krisen durch Älterwerden, Krankheit und Sterben

Wir leben in einer Gesellschaft, in der fortdauernde Jugendlichkeit, Dynamik und Erfolg gefragt sind. Für die Problematik des Älterwerdens ist da wenig Platz.

Angst vor dem Älterwerden

Das Altern findet im Verborgenen statt. Deshalb verdrängen viele Menschen ihr Älterwerden, solange das irgendwie möglich ist, notfalls mit Hilfe von Schönheitschirurgen. Dabei sind die biologischen Chancen, in unserer Zeit ein hohes Lebensalter zu erreichen, so günstig wie nie zuvor. Diese Chance sinnvoll zu nutzen, ist heute eher das Problem.

Lieber kämpfen wir darum, etwas behalten zu können, was uns wertvoll ist, Besitz, Macht, Schönheit, Jugendlichkeit zum Beispiel. Dabei wissen wir, daß wir nichts festhalten können. Denn unser Leben endet in jedem Falle tödlich. Solange wir kämpfen, um festzuhalten, fühlen wir uns auf der Seite des Lebens, auf der Seite der Sieger. Die Vorstellung vom Loslassen ist für uns meist mit Verzicht, mit Aufgeben, mit Schwäche, Niederlage und Resignation verbunden. Deshalb denken wir ans Loslassen vielfach erst, wenn es nicht mehr anders geht, wenn uns etwas spürbar entgleitet und fast schon verloren ist.

Loslassen

Das Alter ist die große Zeit des Loslassens. Die Zukunft birgt keine unbegrenzten Möglichkeiten mehr in sich. Der Tod rückt näher, Tag für Tag. Noch ist Zeit genug, freiwillig loszulassen, ehe uns unfreiwillig etwas genommen wird, ob Menschen, Besitz, Macht, Ansichten, Überzeugungen – oder auch das Bild, das wir von uns selbst im Laufe der Zeit entworfen haben.

Ein guter Abschied läßt gute Gefühle in uns zurück, anders als ein Abschied, der uns überrollt. Das Aufgeben zwingt uns, uns immer wieder auf uns selbst zu besinnen: Wer bin ich ohne meinen Beruf, ohne Macht, ohne Anerkennung? Diese Frage zu stellen kann schmerzen. Aber sie enthält die Chance, etwas Wichtiges über sich selbst zu erfahren.

Konnten Menschen früher ihr Leben leichter loslassen? Mir fällt dazu die Gestalt des Eremiten aus dem mittelalterlichen Schelmenroman Simplizissimus ein. Als er spürte, daß die Zeit gekommen war, das Leben loszulassen, schaufelte er sich neben seiner Hütte ein Loch in der Größe seines Körpers. Dann legte er sich hinein und wartete auf den Tod. Er wußte ganz selbstverständlich, daß seine Zeit zu sterben gekommen war.

Traumbeispiel

Eine 62jährige Frau erlebt in unserer Zeit das Problem der Endlichkeit ihres Lebens schockartig in folgendem Angsttraum: »Ich will die Wanduhr, die ich von meinen Eltern geerbt habe, aufziehen. Die Zeiger zeigen an, daß es fünf vor zwölf ist. Beim Aufziehen schlingt sich plötzlich das Pendel um die Uhr. Ich will die Uhr reparieren lassen. Doch dabei ergeben sich Schwierigkeiten mit dem Bezahlen. Ich kann nur in lauter Schecks zu je einer Mark bezahlen. So viele Formulare habe ich aber nicht. Ich überlege, ob ich die Uhr verkaufen soll. Aber auch da entsteht wieder das gleiche Problem, denn ich würde nur lauter im Grunde unbrauchbare 1-DM-Schecks erhalten.«

Die Lebensuhr ist nicht reparierbar. Geld ist in der Traumsprache zwar gleichsam verdichtete, greifbar gewordene Lebenskraft. Aber selbst damit läßt sich das Leben nicht verlängern, wenn die Uhr abgelaufen ist.

Die Angst vor Krankheit

Die Begrenztheit des eigenen Körpers   Alter verändert, nicht nur außen, sondern auch innen. Im Alter erfahren wir durch Krankheiten verstärkt die Begrenztheit unseres Körpers. Oft können wir dieses Nachlassen der Kräfte und des körperlichen Wohlbefindens mit unserem Wachbewußtsein schwer akzeptieren. Dann erinnern unsere Träume uns unerbittlich: Schau hin. Nimm deine Begrenztheit endlich zur Kenntnis! Laß los, was du an nicht mehr angemessener Jugendlichkeit über die Jahre retten willst!

Träume von Krankheit   Träume, die direkt von Krankheiten oder von einem Krankenhausaufenthalt handeln, meinen fast nie körperliche Krankheiten im eigentlichen Sinn. Sie denken eher auf psychische Mangelzustände hin. Das erkrankte Organ gibt dabei Hinweise auf die Art der vorhandenen Störung. So stehen Herzkrankheiten in der Traumsprache meist für Probleme im Gefühlsbereich, Augenleiden dagegen eher für die Unfähigkeit, ein Problem oder die Beziehung zu einem anderen Menschen klar zu sehen. Eine Amputation der Hände oder Beine zeigt uns in der Sprache der Träume meist einen Zustand der Handlungsunfähigkeit an.

Die eigentlichen Krankheitsträume teilen sich in anderen Bildern mit. Da träumt eine Frau beispielsweise von einem Kurzschluß im Keller ihres Hauses. Einige Zeit später erkrankt sie an Störungen im Nervensystem. Oder ein Mann träumt kurz vor Ausbruch einer langwierigen Krankheit, sein Haus sei von Ratten befallen. Als sich sein Zustand allmählich bessert, teilt ihm der Hausmeister in seinem Traum mit, die Ratten seien jetzt gefangen.

Die Angst vor dem Tod

Das Ziel des Lebens ist der Tod   Niemandem gelingt es, das Erreichen dieses Ziels zu verhindern. Und erst wer das Sterben begreift, versteht zu leben. So hoffnungslos der Lebensabschnitt des Sterbens scheinbar ist, er gibt dem Leben vieler Menschen durch bisher ungekannte tiefe Erfahrungen eine vollkommen neue Dimension.

Freda Naylor, eine Ärztin, die bis zu ihrem Tod Tagebuch über ihr Krebsleiden geführt hat, schrieb:

»Ich hatte Erfahrungen, für die ich dem Krebs dankbar sein muß, weil ich sie sonst niemals gemacht hätte: Demut, ein Ins-Reine-Kommen mit meiner eigenen Sterblichkeit, Wissen um meine innere Stärke, die mich immer wieder überrascht, und weitere Erkenntnisse über mich selbst, die ich erst entdeckt habe, als ich gezwungen war, meine eingefahrenen Gleise zu verlassen, neue Prioritäten zu setzen und vorwärts zu schreiten (Owens/Naylor, 1987, S. 59).

Eine andere unheilbar erkrankte Frau beschrieb ihre persönlichen Veränderungen angesichts des Todes so:

»Was ich langsam zu spüren begann, war ein vertieftes Empfinden für Liebe und die Fähigkeit, Liebe mitzuteilen, die Fähigkeit, Freude und Befriedigung an den kleinsten und unbedeutendsten Dingen in mir zu finden (Rinpoche, 1996, S. 48).

Träume vom Tod Die eigentlichen Traumbilder von Menschen in der Nähe des Todes teilen sich in sehr unterschiedlicher Symbolik mit. Da taucht zum Beispiel ein schwarzes Pferd auf, das aus dem Fenster eines Hauses springt. Oder die Todesbotschaft wählt das Bild von der Lebensuhr oder vom Baum des Lebens, um sich anzukündigen. So träumt eine Frau, der die Ärzte die Wahrheit über ihre tödliche Krankheit verschwiegen hatten:

Traumbeispiel

»In meinem Garten steht ein alter Apfelbaum, unter dem ich im Sommer oft sitze. Dieser Baum war umgestürzt. Die Blätter sahen welk aus und der Stamm morsch. Die Wurzeln waren aus dem Boden herausgerissen.«

Solche Träume vom Tod teilen sich oft in so klaren Bildern mit, daß da nicht viel zu entschlüsseln ist.

Manchmal sind es Szenen aus dem ganzen Leben, Jugenderinnerungen, längst Vergessenes, die noch einmal wie ein Film an dem Träumenden vorüberziehen. Da sind ungewöhnliche Lichterscheinungen, das Erlebnis herrlicher Musik. Oft wird berichtet, daß eigenartige, sehr eindrucksvolle Gestalten neben der Tür stehen. Menschen, die sich in der Nähe des Todes befunden haben, berichten auch immer wieder von gewaltigen Landschaften, durch die sie geleitet worden sind, von Bildern überirdischer Schönheit, von Felsentoren oder von einem Fluß, den sie zu überqueren hatten. Es sind Bilder, wie wir sie aus alten Sagen und Mythen kennen. Doch selbst wer sie erlebt, befindet sich nicht unbedingt endgültig im Reich des Todes. Manche kehren zurück.

Meditative Hilfen zum Loslassen

- Ich lasse los, was in meinem Leben überlebt ist.
- Ich weiß, daß an Stelle dessen, was stirbt, immer wieder etwas Neues entsteht. Ich akzeptiere dieses »Stirb und werde« voll und ganz in meinem Leben.
- Ich nehme meinen Tod als etwas Unabänderliches fest mit hinein in mein Leben.
- Ich stelle mir meinen Tod ganz konkret als Bild vor meinem inneren Auge vor.
- Ich freue mich an meinem Leben, an jedem neuen Tag, an jedem Augenblick.
- Mein Leben ist ein kostbares Geschenk, für das ich jeden Tag aufs neue dankbar bin.

Träumen in der Gruppe?

Träumen ist etwas höchst Persönliches. Jeder Mensch träumt in jeder Nacht Träume, die nur er allein mit diesem Inhalt erlebt. Man hat zwar mitunter Ähnlichkeiten zwischen den Träumen von Eheleuten aus ein und derselben Nacht festgestellt. Aber das sind schon seltene Ausnahmen. Wie also kann man in einer Gruppe träumen? Man kann, und zwar auf sehr unterschiedliche Weise.

Traumwerkstätten – was passiert dort?

Gespräche über Träume Viele Menschen treffen sich regelmäßig in sogenannten Traumwerkstätten, um sich über ihre Nachtträume auszutauschen. Sie diskutieren ihre Träume gemeinsam in der Gruppe und versuchen so, die darin verborgene Botschaft zu entschlüsseln. Oft spielen sie dabei ausgewählte Träume im Rollenspiel. Oder sie stellen besonders wichtige Schlüsselszenen aus ihren Träumen mit künstlerischen Mitteln dar, durch Malen, Zeichnen oder durch Gestalten von Figuren in bildhauerähnlichen Techniken.

Gemeinsame Traumreisen   Andere Traumwerkstätten beziehen auch den Umgang mit Wachträumen in ihre Arbeit ein. Sie führen in der Gruppe gemeinsame Entspannungsübungen durch und begeben sich in tief entspanntem Zustand auf Traumreise. Das Thema dieser Reisen ist durch den Text der Übung vorgegeben, zum Beispiel eine »Bergwanderung« oder ein »Ort der Kraft«. Aber jeder Teilnehmer erlebt auf solch einer gemeinsamen Traumreise andere Bilder. Die Traumreise dauert etwa eine halbe bis eine Stunde. Anfangs ist sie eher kürzer. Im Anschluß an die Reise sprechen die Teilnehmer meist über die Bilder, die sie erlebt haben. Wenn jemand nicht in der Gruppe darüber sprechen möchte, so ist das völlig in Ordnung. Jeder entscheidet selbst. Vertrauen braucht manchmal Zeit, um zu wachsen. Immerhin geht es um sehr persönliche Probleme, die sich in unseren Traumbildern mitteilen. Auch in Traumwerkstätten, die mit Wachtraumreisen arbeiten, werden die Träume oft zusätzlich mit künstlerischen Mitteln oder im Rollenspiel dargestellt.

Wo überall findet Traumarbeit in Gruppen statt?

Traumgruppen gibt es an Volkshochschulen, kirchlichen und kommunalen Bildungsstätten, aber auch als Selbsthilfegruppen auf Grund privater Initiativen. Selbst in Kindergärten, Schulen und Hochschulen entdeckt man zunehmend die Chancen der Traumarbeit und nutzt sie mit beachtlichem Erfolg. Die Atmosphäre innerhalb der Gruppe entspannt sich durch den aktiven Umgang mit Träumen zunehmend und ist von Vertrauen geprägt. Die Zahl der Konflikte innerhalb der Gruppe geht deutlich zurück. Die Gruppen arbeiten insgesamt erfolgreicher und entwickeln mehr kreative Ideen.

Ist Expertenhilfe notwendig?

Manche der Traumwerkstätten arbeiten unter Anleitung von Experten, andere wieder verzichten bewußt darauf. Beide Wege eignen sich für erfolgreiche Traumarbeit. Voraussetzung ist, daß die Mitglieder der Gruppe psychisch einigermaßen stabil sind. Bestehen dagegen starke psychische Konflikte, so sollte auf die Leitung eines in der Traumarbeit erfahrenen Therapeuten nicht verzichtet werden.

Gruppen, die ohne therapeutische Leitung arbeiten, haben die Chance, vieles durch Probieren selbst zu entdecken. Das mag manchmal länger dauern. Aber das Selbstentdecken kann den Kontakt innerhalb der Gruppe deutlich stärken.

Natürlich sind auch Mischformen möglich. Etliche Traumwerkstätten beginnen ihre Arbeit unter der Leitung eines Therapeuten. Sobald sie sich hinreichend sicher fühlen, arbeiten sie ohne Expertenanleitung weiter und stärken auf diese Weise ihr Autonomiegefühl.

Themenvorschläge für Wachtraumreisen, die Sie allein oder in der Gruppe durchführen können

Hier finden Sie eine Fülle von Themen für Wachtraumreisen. Sie haben sich in der Traumarbeit allein oder mit Gruppen immer wieder bewährt, weil sie archaische Bilder wecken und helfen, mitten hineinzutauchen in den See der psychischen Energie, anstatt an der Wasseroberfläche zu plätschern. Natürlich kann und soll die Liste der Themenvorschläge nicht vollständig sein. Wenn Sie möchten, ergänzen Sie sie. Sammeln Sie Erfahrungen, indem Sie weitere Themen ausprobieren. Die Zahl der Traumthemen ist fast unerschöpflich.

Für den Anfang besonders geeignet sind folgende Themen:

- Sich eine Blume vorstellen
- Mein Lieblingsplatz in meiner Wohnung.

Unterschiede im Schwierigkeitsgrad Zwischen den folgenden Themenvorschlägen bestehen nur leichtere Unterschiede im Schwierigkeitsgrad. Die hier angegebene Reihenfolge der Themen hat sich in der Praxis der Traumarbeit bewährt. Aber sie ist nicht verbindlich. Sie können also problemlos von ihr abweichen.

- Auf einer grünen Wiese
- Ein Bach
- Dem Bachlauf aufwärts bis zur Quelle folgen
- Dem Bachlauf abwärts bis zur Mündung folgen
- Am Waldrand
- In den Wald hineingehen
- Am Meer
- Ein Spaziergang am Strand entlang
- Ein Bad im Meer
- Sich ein Tor vorstellen mit der Inschrift:
  - Zum Glück
  - Zum Leben
  - In die Zukunft
  - In die Vergangenheit
  - Zum Erfolg
  - ...
- Sich einen Berg als Bild vorstellen
- Den Berg besteigen
- Eine Höhle
- In die Höhle hineingehen
- Ein Brunnen
- In den Brunnen hineinklettern
- Ein Schloß
- Das Schloß besichtigen
- Im Paradiesgarten Eden
- Auf einer Insel
- Ein Haus
- Die einzelnen Räume des Hauses besichtigen
- Das Haus entrümpeln oder (neu) einrichten
- Eine Baustelle
- Ein Rosenbusch
- Ein Vulkan
- Ein Löwe
- Eine Reise per Anhalter
- Ein Blick in den Spiegel
- Auf dem Bahnhof
- Ein Sumpfloch
- Eine Treppe
  - Aufwärts gehen
  - Abwärts gehen
- Ein Baum
- Ich bin ein Baum
- Mein Kraftbaum
- Eine Wanderung durch den eigenen Körper – als Däumling
- Ich gehe einen meiner Wege

- Ein Erlebnis aus meiner Kindheit, bei dem ich richtig glücklich war
- Im Spinnennetz der Abhängigkeiten – die einzelnen Fäden des Spinnennetzes lösen bzw. durchschneiden
- Das Lebensschiff betreten
- Einen Wunsch als Bild entstehen lassen
- Ein Ort der Kraft
- Eine Reise durch das Weltall

- Mein Lieblingsmärchen
- Eine Situation, in der ich mich besonders wohl fühle
- Eine Kiste auf dem Dachboden öffnen
- Im Theater – welche Rolle möchte ich spielen?
- Eine Begegnung mit meinem Krafttier
- Eine Begegnung mit dem alten Weisen
- …

Gründen Sie eine eigene Traumgruppe

Immer wieder erreichen unsere Gesellschaft für Traumforschung und -therapie Anfragen nach Anschriften von Traumgruppen. Die Anschriften vieler, aber längst nicht aller Gruppen sind uns bekannt. Die Zusammensetzung der Traumgruppen verändert sich ständig. Laufend entstehen neue, von deren Arbeit wir nicht so schnell erfahren. Deshalb haben wir unsere ursprüngliche Absicht, ein Gesamtverzeichnis über alle bestehenden Traumwerkstätten zu erstellen, nicht weiterverfolgt.

Am besten erkundigen Sie sich an Ihrem Wohnort bei Kulturämtern oder Einrichtungen zur Erwachsenenbildung, ob dort Traumgruppen bestehen. Wenn Sie keine finden, möchten wir Sie ermutigen, selbst eine Gruppe zu gründen. Diese Erfahrung wird sich für Sie lohnen. Sie brauchen dafür kein Experte in Traumfragen zu sein. Ihre Intuition genügt – und der Wille, mehr über sich selbst zu erfahren. Wir wünschen Ihnen guten Erfolg!

Traumbotschaften bei Tage empfangen – scheinbare Zufälle, und was sie uns sagen können

Traumarbeit beschränkt sich keineswegs auf den Umgang mit unseren Nacht- und Wachträumen, sondern wir erfahren traumähnliche Botschaften manchmal selbst in wachem Zustand mitten im Alltag.

Unbewußte Fehlhandlungen

Schon Sigmund Freud hat auf die Bedeutung unbewußter Fehlhandlungen hingewiesen. Verliert beispielsweise jemand den Schlüssel, mit dem er zu seiner ihm verhaßten Arbeitsstelle gelangt, so lohnt es sich, darüber nachzudenken, ob er sich nicht vielleicht unbewußt aussperren wollte. Oder bricht sich der Bräutigam am Vorabend seiner Hochzeit ein Bein, drücken sich möglicherweise ihm nicht bewußte Ängste vor dieser Eheschließung durch den Unfall aus.

Der Kreis solcher »Zufälle« läßt sich noch viel weiter ziehen. Der Psychoanalytiker C. G. Jung berichtet hierzu ein eindrucksvolles Beispiel.

Eine seiner Patientinnen hatte zu einem Zeitpunkt, als ihre Therapie an einen entscheidenden Punkt gekommen war, einen Traum. In diesem Traum erhielt sie einen goldenen Skarabäuskäfer als Geschenk. Gerade als sie diesen Traum ihrem Therapeuten erzählte, hörte C. G. Jung am Fenster hinter sich ein Geräusch, als ob etwas ans Fenster klopfte. Er drehte sich um und sah, daß ein Insekt von außen gegen das Fenster stieß. Er öffnete das Fenster und fing das Tier im Fluge. Es war ein goldener Rosenkäfer, der in unseren Breiten dem Skarabäus am nächsten verwandt ist. Entgegen seinen sonstigen Gewohnheiten hatte er sich offenbar gerade in diesem Augenblick veranlaßt gefühlt, in das dunkle Zimmer einzudringen (C. G. Jung, 1990, S. 26).

Ein vergleichbares Beispiel berichtet der berühmte amerikanische Mythologe Joseph Campbell. Darin spielt ein kleines Raubinsekt, nämlich eine Gottesanbeterin, die Hauptrolle. Campbell saß in seiner Wohnung im 14. Stock eines New Yorker Hochhauses. Er informierte sich gerade über die Gottesanbeterin, die in der Mythologie der afrikanischen Buschmänner eine wichtige Rolle spielt. Dabei saß er nahe zu einem nur selten geöffneten Fenster, das zur Sixth Avenue gelegen war:

»Ich las gerade über die Gottesanbeterin – und empfand plötzlich den Wunsch, das Fenster zu öffnen. Ich öffnete es und blickte nach rechts hinaus, und da saß eine Gottesanbeterin, die an der Mauer entlang hinaufkam. Da saß sie, genau auf meinem Fenstersims! – Sie sah mich an, und ihr Gesicht sah genauso aus wie das Gesicht eines Buschmanns. Ich bekam eine Gänsehaut!« (Combs/Holland, 1992, S. 58; eine Fülle weiterer »Zufalls-Beispiele« findet sich bei Thomas, 1998).

Zufälle lassen sich wie Träume deuten

Solche »Zufälle« treten keineswegs selten auf. Je mehr wir unsere Sinne für die Botschaften unseres Traumbewußtseins öffnen, um so mehr Hinweisen durch scheinbare Zufälle werden wir in unserem wachen Leben begegnen – und zwar gerade in kritischen Situationen, wo wir Hilfe brauchen und suchen.

Eine Erklärung für solche Synchronizitäten, wie C. G. Jung diese »Zufälle« genannt hat, fällt religiös orientierten Menschen nicht schwer. Aber wahrscheinlich lassen sie sich auch als Informationen des kollektiven Unbewußten erklären, zu denen wir alle Zugang haben, wenn wir uns ihnen öffnen. Die Auseinandersetzung mit unseren Träumen hilft uns, den Zugang zu unserem eigenen Unbewußten, ebenso aber zu dem kollektiven Unbewußten der ganzen Menschheit zu finden. Darin sind offenbar alle wesentlichen Informationen gespeichert, die die Menschen jemals gedacht, gefühlt, gelitten und gestaltet haben.

Zufälle, die keine sind, reichen bis mitten in unseren Alltag hinein. Es lohnt sich, ihre Botschaft wahrzunehmen. Je besser wir sie verstehen, um so häufiger treten solche Zufälle auf. Mit ihrer Hilfe ist das Leben oft leichter gestaltbar. Sie lassen sich wie Träume deuten.

Literatur

Aeppli, Ernst: Der Traum und seine Deutung, München 1992

Brocher, Tobias: Angst vor der Sexualität, in: Schultz: Angst, 2. Auflage, Stuttgart 1988, S. 144 ff.

Cartwright, Rosalind/Lamberg, Lynne: Krisenträume, Hamburg 1996, S. 104, 107 f., S. 146

Combs, Allan/Holland, Mark: Die Magie des Zufalls. Synchronizität – eine neue Wissenschaft, Reinbek bei Hamburg 1992, S. 58

Corriere, Richard/Hart, Joseph: Lebendiges Träumen, Heidelberg 1987

Cramer, Gerda: Traumzeit im Dschungel, in: Psychologie heute, Heft 9/83, S. 67 ff.

Diamond, Edwin: Schlafen wissenschaftlich. Wie und wann wir träumen, Reinbek bei Hamburg 1967

Faraday, Ann: Die positive Kraft der Träume, München 1992

Faraday, Ann: Deine Träume – Schlüssel zur Selbsterkenntnis. Ein psychologischer Ratgeber, Frankfurt a. M. 1993

Freud, Sigmund: Die Traumdeutung, Frankfurt a. M. 1991

Fromm, Erich: Märchen, Mythen, Träume. Eine Einführung in das Verständnis einer vergessenen Sprache, Reinbek bei Hamburg 1981

Garfield, Patricia: Frauen träumen anders. Die weibliche Traumwelt, München 1992

Grof, Stanislav: Das Abenteuer der Selbstentdeckung. Heilung durch veränderte Bewußtseinszustände. Ein Leitfaden, Reinbek bei Hamburg 1994

Hall, Calvin/Nordby, Vernon: The Individual and His Dreams, New York 1972

Harnisch, Günter: Was Kinderträume sagen, Freiburg, Basel, Wien 1995

Harnisch, Günter: Die Botschaft der Angstträume, Freiburg, Basel, Wien 1997

Harnisch, Günter: Das große Traumlexikon. Über 1500 Traumsymbole von A bis Z psychologisch gedeutet, 7. Auflage, Freiburg, Basel, Wien 1998

Hartmann, Ernest: The Nightmare, New York 1984

Holloway, Gillian: Der Traumführer – Wege zum Selbst, Freiburg, Basel, Wien 1995

Jung, Carl Gustav: Synchronizität, Akausalität und Okkultismus, München 1990, S. 26

Jung, Carl Gustav: Von Traum und Selbsterkenntnis, Düsseldorf 1994

Kast, Verena: Traumbild Auto. Von Grenzerfahrungen unseres Lebens, Düsseldorf 1992

Kast, Verena: Traumbild Wüste. Von unserem täglichen Unterwegssein, Düsseldorf 1993

Owens, R. G./Naylor, Freda: Living While Dying, Wellingborough 1987, S. 59

Pouplier, Mechthild: Traumbild Fisch. Vom Leben in der Tiefe, Düsseldorf 1992

Riedel, Ingrid: Die vier Elemente im Traum. Feuer, Wasser, Luft und Erde, Düsseldorf 1993

Rinpoche, Sogyal: Das tibetanische Buch vom Leben und vom Sterben, 19. Auflage, Bern, München, Wien 1996, S. 48

Russo, Richard (Hrsg.): Dreams Are Wiser than Men, Berkeley 1987

Ryback, David/Sweitzer, Letitia: Wahrträume – ihre transformierende und übersinnliche Kraft, München 1990

Schlobohm, Annelie: Bilder unserer Träume verstehen. Die Signale des Unterbewußten deuten, verborgene Wünsche und Lebensmotive entdecken, München 1995

Schultz, Hans Jürgen (Hrsg.): Angst, 2. Auflage, Stuttgart 1988

Sendak, Maurice: Wo die wilden Kerle wohnen, Zürich 1967

Siegel, Bernie S.: Mit der Seele heilen. Gesundheit durch inneren Dialog, Düsseldorf 1993

Strauch, Inge/Meier, Barbara: Den Träumen auf der Spur. Ergebnisse der experimentellen Traumforschung, Bern 1992

Thich Nhat Tanh: Zeiten der Achtsamkeit, 2. Auflage, Freiburg i. Br. 1996

Thomas, Carmen: Vom Zauber des Zufalls. Eine Einladung zum Mitmachen, Köln 1998

Ullman, Montague/Zimmermann, Nan: Mit Träumen arbeiten, München 1986

Wallerstein, Judith/Blakeslee, Sandra: Gewinner und Verlierer. Frauen, Männer, Kinder nach der Scheidung, München 1992

von Rohr, Wulfing: Meditation. Die Kraft aus der Mitte – ein umfassender Übungsleitfaden, München 1995

Sachverzeichnis